reinhardt

Basiswissen Frühpädagogik

Herausgegeben von Prof. Dr. Timm Albers

Titel in dieser Reihe:

Albers / Ritter: Zusammenarbeit mit Eltern und Familien in der Kita
Jungmann / Albers: Frühe sprachliche Bildung und Förderung
Kraska / Teuscher: Naturwissenschaftliche Bildung in der Kita
Schwarz: Frühe Bewegungserziehung

Weitere Titel in Planung!

Stefanie Höhl • Sarah Weigelt

Entwicklung in der Kindheit (4–6 Jahre)

Mit 10 Abbildungen
Mit Online-Material

Ernst Reinhardt Verlag München Basel

Dr. rer. nat. *Stefanie Höhl*, Dipl.-Psych., ist als Akademische Rätin am Psychologischen Institut der Universität Heidelberg tätig.
Prof. Dr. *Sarah Weigelt*, Dipl.-Psych., ist Juniorprofessorin für Entwicklungsneuropsychologie an der Ruhr-Universität Bochum.

Bibliografische Information der Deutschen Nationalbibliothek

Die Deutsche Nationalbibliothek verzeichnet diese Publikation in der Deutschen Nationalbibliografie; detaillierte bibliografische Daten sind im Internet über <http://dnb.d-nb.de> abrufbar.
ISBN 978-3-497-02551-0 (Print)
ISBN 978-3-497-60227-8 (E-Book)

Printed in Germany
Cover unter Verwendung von Fotos von © Avanne Troar – fotolia.com
Satz: Arnold & Domnick, Leipzig

Ernst Reinhardt Verlag, Kemnatenstr. 46, D-80639 München
Net: www.reinhardt-verlag.de E-Mail: info@reinhardt-verlag.de

Inhalt

Hinweise zur Verwendung der Icons

Kapitelzusammenfassungen

Literatur- und Website-Empfehlungen

Definitionen

Lernfragen

Beispiele

Online-Zusatzmaterial

Lösungen zu den Lernfragen sowie eine Linkliste rund um die Entwicklung in der Kindheit (4–6 Jahre) gibt es unter www.reinhardt-verlag.de. Das Zusatzmaterial ist passwortgeschützt, das Passwort zum Öffnen der Dateien finden Sie am Ende des Buches.

Einleitung

Kinder haben im Alter von vier bis sechs Jahren enorme Entwicklungsaufgaben zu bewältigen. Ihr soziales Umfeld verändert und erweitert sich mit dem Eintritt in den Kindergarten und sie bauen erste Freundschaften mit Gleichaltrigen auf. Ihr Selbstkonzept wird differenzierter, gleichzeitig entwickeln sich ihre sprachlichen und kognitiven Fähigkeiten. Unser Buch bietet einen Überblick über die Entwicklung im Kindergartenalter aus entwicklungspsychologischer Perspektive. Es richtet sich an Studierende der Bachelorstudiengänge Frühpädagogik, Bildungswissenschaften und Psychologie sowie an ErzieherInnen in Aus- und Weiterbildung und fasst die zentralen Entwicklungsprozesse von Kindern im Alter von vier bis sechs Jahren übersichtlich zusammen. Es soll aber auch die Faszination für Entwicklungsprozesse im Kindesalter wecken und mit vielen alltagsnahen Beispielen dazu beitragen, die kindliche Entwicklung im Alltag aufmerksam mitverfolgen zu können.

EntwicklungspsychologInnen versuchen, Entwicklungsprozesse möglichst genau zu beschreiben und die ihnen zugrunde liegenden Mechanismen zu verstehen. Dafür verwenden sie empirische Methoden, die im ersten Kapitel „Wissenschaftliche Zugänge zur kindlichen Entwicklung“ vorgestellt werden. Das Kapitel erläutert die wichtigsten Methoden, mit denen Erkenntnisse über die psychische Entwicklung gewonnen werden, und bietet somit die Grundlage für das Verständnis und die Bewertung der Forschungsbefunde, auf die in den weiteren Kapiteln Bezug genommen wird. EinsteigerInnen in die psychologische Forschungsmethodik wird hier ein leicht verständlicher Überblick gegeben, der helfen soll, Forschungsbefunde, über die beispielsweise auch in den Medien berichtet wird, gut einordnen zu können.

Wir befassen uns im zweiten Kapitel mit den grundlegenden „Einflüssen von Biologie und soziokulturellem Kontext auf Entwicklungsprozesse“. Die Entwicklung jedes Kindes wird sowohl von biologischen Faktoren bestimmt als auch vom sozialen Kontext, in dem es aufwächst. Während genetische Anlagen unter anderem die Gehirnentwicklung beeinflussen, hat der soziokulturelle Kontext beispielsweise Auswirkungen auf Erziehungspraktiken von Eltern oder auch auf die Frage, ob und wann ein Kind außerhalb von zu Hause betreut wird. Im Kapitel wird deutlich, dass diese Faktoren sich nicht unabhängig voneinander auf die kindliche Entwicklung auswirken, sondern vielmehr miteinander in spannender und vielfältiger Weise interagieren.

Im dritten Kapitel befassen wir uns mit der „Entwicklung von Identität und Persönlichkeit“. Bereits im Säuglings- und Kleinkindalter unterscheiden sich Kinder in Hinblick auf ihr Temperament. Manche Kinder sind forsch und neugierig, andere eher schüchtern und vorsichtig. Obwohl die späteren Persönlichkeitseigenschaften dadurch noch nicht völlig festgelegt sind, gibt es doch bedeutende Zusammenhänge früher Temperamentsmerkmale mit späteren Eigenschaften, die wir hier näher erläutern. Im Kindergartenalter werden die Selbstbeschreibungen von Kindern zudem differenzierter, sie schätzen ihre Fähigkeiten zunehmend realistisch ein und beziehen sich immer weniger auf oberflächliche Merkmale. Des Weiteren beschäftigen wir uns hier mit der Entwicklung der Geschlechtsidentität hin zu einem Verständnis der Geschlechtskonstanz und beleuchten die Entstehung von Geschlechtsschemata und -stereotypen.

Im vierten Kapitel widmen wir uns der „Entwicklung verschiedener Funktionsbereiche“. Die körperliche Entwicklung vom meist rundlichen Kleinkind mit überproportional großem Kopf zum schlankeren Kindergartenkind mit längeren Gliedmaßen ist offensichtlich. Sie geht mit bedeutenden Fortschritten in der Grob- und Feinmotorik einher, die es Kindern in diesem Alter ermöglichen, unter anderem Fahrradfahren zu lernen und sich selbstständig anzuziehen.

Aber auch die weniger offensichtlichen Veränderungen in diesem Alter sind spannend und wichtig. Kinder zwischen vier und sechs Jahren sehen die Welt anders als ein Kleinkind, trotzdem entwickeln sich Sehschärfe und Geschwindigkeitswahrnehmung noch einige Jahre weiter. Dies hat Konsequenzen für den Alltag, vor allem im Straßenverkehr. Deshalb geht es in diesem Kapitel um Sinneswahrnehmungen von Kindern im Alter von drei bis sechs Jahren und Entwicklungsthemen wie das Gefühl für Zeit und Hunger.

Auch Aufmerksamkeit, Gedächtnis und Denken verändern sich im Kindergartenalter. Kindern gelingt es in dieser Entwicklungsphase immer besser, ihre Aufmerksamkeit zu kontrollieren und sich auf eine Aufgabe zu konzentrieren. Sie entwickeln Gedächtnisstrategien, lernen zählen und Mengen zu vergleichen. Früher ging man davon aus, dass Kinder in diesem Alter noch „Denkfehler“ machen, die vor allem durch mangelnde Flexibilität im Denken gekennzeichnet seien. Bei näherer Betrachtung stellt sich aber heraus, dass die tatsächlichen Fähigkeiten der Kinder stark von der

Art der Aufgabe abhängen und in früheren Studien häufig unterschätzt wurden.

Auf der Entwicklung der Sprache in der Vorschulzeit liegt ein weiterer Fokus in diesem Kapitel. Im Kindergartenalter machen Kinder große Fortschritte hinsichtlich ihrer Sprachentwicklung. Sie erweitern nicht nur ihren Wortschatz, sondern begreifen auch grammatikalische Regeln der Sprache zunehmend. Kinder im Alter von sechs Jahren haben zudem gelernt, ihre Sprache situationsabhängig anzupassen, also zum Beispiel zu dem kleinen Geschwisterchen anders zu sprechen als zu den Eltern. Außerdem beginnen Kinder im Kindergarten mit dem meist spielerischen Erwerb einer weiteren Sprache neben der Muttersprache, weswegen wir das Thema „Mehrsprachigkeit" aufgreifen. Den Abschluss bildet der Abschnitt „Erstes Lesen und Schreiben".

Außerdem erlangen Kinder zwischen vier und sechs Jahren Fähigkeiten im sozialen Denken und Handeln. Sie verstehen nun, dass die Überzeugungen anderer Menschen sowohl von ihren eigenen Überzeugungen als auch von der Realität abweichen können. Dies erlaubt es ihnen erstmals, „richtig" zu lügen – ein bedeutender Entwicklungsschritt. Gleichzeitig entwickeln Kinder ein Konzept von Fairness und sind zunehmend bereit, mit anderen zu teilen, vor allem, wenn es sich um ihre Freunde handelt. Statt für sich allein oder nur neben anderen Kindern zu spielen, nehmen komplexere kooperative Spiele mit anderen Kindern wie Rollen- und Regelspiele, die es erlauben, soziale Konventionen spielerisch zu üben, zu.

Schließlich entwickeln Kinder im Kindergartenalter Wissen über Emotionen und Fertigkeiten zur Emotionsregulation. Sie lernen, welche Situationen bestimmte Emotionen bei anderen Menschen auslösen und können sich immer besser in die Gefühlswelt anderer hineinversetzen. Sie entwickeln soziale Emotionen wie Scham und Stolz, die von den echten oder gedachten Bewertungen der eigenen Handlungen durch andere Menschen abhängen. Wichtig ist auch, dass Kinder nun ihre eigenen Gefühle und die Äußerung dieser immer besser kontrollieren können. So werden Wutausbrüche, die bei Kleinkindern noch sehr typisch und häufig sind, im Kindergartenalter deutlich seltener und es werden Strategien entwickelt, um mit Konflikten und unangenehmen Situationen umzugehen.

In den letzten beiden Kapiteln befassen wir uns mit „Bildung und Förderung im Kindergarten- und Vorschulalter" sowie „Entwicklungsstörungen". Es werden ausgewählte Trainingsprogramme zu den Bereichen Sprache, Naturwissenschaften, Mathematik und Musik vorgestellt, die bereits wissenschaftlich evaluiert wurden und deren Effektivität nachgewiesen ist. Vor allem wenn es gelingt, die kindliche Neugierde und Begeisterungsfähigkeit zu wecken, können sich altersgerechte Förderprogramme und anregende Lernumgebungen sehr positiv auf die Entwicklung auswirken. Im letzten Kapitel werden einige wichtige Entwicklungsstörungen kurz beschrieben, deren Diagnose häufig im Kindergartenalter gestellt wird. Die angegebenen Beispiele sollen den Blick für Auffälligkeiten im Verhalten, die für Kinder mit Sprachentwicklungsstörungen, Autismus und Aufmerksamkeitsdefiziten bzw. Hyperaktivität typisch sind, schulen.

1 Wissenschaftliche Zugänge zur kindlichen Entwicklung

EntwicklungspsychologInnen erforschen, wie sich das Erleben und Verhalten über die Lebensspanne verändert. Dafür nutzen sie wissenschaftliche Methoden. Experimente sind nützlich, um unter kontrollierten Bedingungen herauszufinden, welche Faktoren ein bestimmtes Verhalten hervorrufen. Verhaltensbeobachtungen erlauben es dagegen, natürlich auftretendes Verhalten zu dokumentieren, lassen aber selten direkte Schlüsse auf dessen Ursachen zu. Entwicklungspsychologische Testverfahren sind wichtig, um Entwicklungsverläufe zu dokumentieren und möglichst frühzeitig Entwicklungsverzögerungen oder -störungen zu erkennen.

Die **Entwicklungspsychologie** ist eine Wissenschaft, die zum Ziel hat, Veränderungen im menschlichen Erleben und Verhalten über die Lebensspanne zu beschreiben und zu erklären. Ihre Erkenntnisse sollen in der Praxis helfen, Entwicklungsverläufe vorherzusagen und günstig zu beeinflussen.

Tagebuchstudien

Gegen Ende des 19. und zu Beginn des 20. Jahrhunderts erschienen Berichte über die menschliche Entwicklung im Säuglings- und Kindesalter in Form anekdotischer Tagebücher (Hoppe-Graff/Kim 2007). Es handelte sich um teilweise sehr detaillierte Beschreibungen der ersten Lebensjahre einzelner Kinder, die meist von ihren aufmerksamen Eltern verfasst wurden. Aus heutiger Sicht lassen diese Berichte jedoch nur sehr eingeschränkt Schlussfolgerungen über allgemeine Entwicklungsphänomene zu. Zum einen handelte es sich um Beobachtungen von einzelnen Kindern, die nicht ohne weiteres auf andere Kinder des gleichen Alters übertragen werden können. Erforderlich ist dafür die Beobachtung einer ausreichend großen Stichprobe von Gleichaltrigen. Zum anderen erfordert wissenschaftlicher Erkenntnisgewinn, dass Beobachtungen möglichst objektiv vorgenommen werden, was bei Tagebuchaufzeichnungen durch Eltern gewiss nicht immer gewährleistet ist.

Im Folgenden werden wir drei methodische Zugänge zur Erforschung der psychischen und physischen Entwicklung des Menschen vorstellen, die modernen Standards wissenschaftlicher Arbeit entsprechen.

1.1 Experimente

Die kleine **Mia** beobachtet wie ihr großer Bruder Felix auf dem Spielplatz einen anderen Jungen haut und ihm einen Bagger wegnimmt. Da niemand sonst die Szene gesehen hat, kann Felix unbehelligt weglaufen und mit dem ergatterten Bagger spielen, während der andere Junge weinend zurück bleibt. Wenig später haut Mia einem anderen Kind mit ihrer Plastikschaufel auf den Kopf.

Ursache und Wirkung

Die kleine Mia hat in unserem Beispiel das aggressive Verhalten ihres Bruders beobachtet und sich kurze Zeit später selbst einem anderen Kind gegenüber aggressiv verhalten. Können wir infolgedessen davon ausgehen, dass die Beobachtung aggressiven Verhaltens bei Kindern zu Aggressivität führt?

Aus verschiedenen Gründen ist das nicht so einfach möglich. Wie bei den oben genannten Tagebuchstudien handelt es sich um die Beobachtung eines einzelnen Kindes, von dem ausgehend man nicht auf das Verhalten anderer Kinder schließen kann. Zudem waren die Beobachtungsbedingungen nicht ausreichend kontrolliert. So wurde nicht jegliches Verhalten von Mia aufgezeichnet, das sie seit der Beobachtung ihres Bruders gezeigt hat. Wir wissen auch nicht, wie sich das Kind, das von Mia mit der Schaufel gehauen wurde, ihr gegenüber zuvor verhielt. Möglicherweise hat das frühere Verhalten des Kindes Mias Aggression verursacht und nicht ihr Bruder als schlechtes Vorbild.

zeitlicher und kausaler Zusammenhang

Das Beispiel soll verdeutlichen, dass zwei Beobachtungen, auch wenn sie zeitlich aufeinander folgen, nicht ohne Weiteres auf einen kausalen Zusammenhang zwischen beiden schließen lassen. Um gezielt zu untersuchen, ob die Beobachtung aggressiven Verhaltens Aggressivität bei Kindern verursacht muss ein kontrolliertes Experiment durchgeführt werden.

An einem klassischen **Experiment zur Imitation aggressiven Verhaltens** nahmen 72 Kinder im Alter von drei bis sechs Jahren teil, die nach dem Zufallsprinzip in zwei Gruppen eingeteilt wurden. Die eine Hälfte der Kinder beobachtete einen Erwachsenen, der eine große, aufblasbare Puppe schlug, trat und grob umherwarf. Die andere Hälfte der Kinder sah denselben Erwachsenen, der im gleichen Kontext ruhig spielte und die große Puppe ignorierte. Kurze Zeit später wurde das Verhalten der Kinder gegenüber der gleichen Puppe beobachtet. Obwohl der zuvor beobachtete Erwachsene nicht mehr anwesend war, zeigten Kinder, die zuvor das aggressive Verhalten gesehen hatten deutlich mehr aggressive Verhaltensweisen als Kinder, bei denen sich der Erwachsene zuvor neutral verhalten hatte (Bandura et al. 1961).

Bei dieser Untersuchung handelt es sich um ein Experiment, bei dem das Verhalten der Kinder gezielt manipuliert wurde. Bei Experimenten werden bestimmte Faktoren der Situation variiert, während andere bewusst konstant gehalten werden. In diesem Fall beobachteten alle Kinder einen Erwachsenen, der sich mit ihnen im gleichen Raum befand. Die Situation war identisch für Kinder beider experimenteller Gruppen, mit einer wichtigen Ausnahme: Der Erwachsene verhielt sich bei der einen Hälfte der Kinder der Puppe gegenüber aggressiv und bei der anderen Hälfte neutral. Da die Kinder später unter identischen Bedingungen beobachtet wurden und unterschiedliches Verhalten zeigten, lässt dies auf einen kausalen Zusammenhang schließen. Vermutlich hat das Verhalten des Erwachsenen als Modell das spätere Verhalten der Kinder beeinflusst.

Statistik und Wahrscheinlichkeit

Statistische Verfahren erlauben es zu beurteilen, mit welcher Wahrscheinlichkeit das gleiche Ergebnis auch rein zufällig zustande gekommen wäre. Bei einer sehr geringen Wahrscheinlichkeit für einen rein zufälligen Unterschied zwischen den Gruppen (in der Regel unter 5 %), wird davon ausgegangen, dass die experimentelle Manipulation einen *signifikanten* Effekt hatte. Dafür ist aber wichtig, dass die Teilnehmer zufällig einer der beiden experimentellen Gruppen zugeteilt wurden. Falls sich beide Gruppen schon von Anfang an in Bezug auf ihre Aggressivität unterschieden hätten, kann später nicht mehr nachvollzogen werden, welchen Effekt die Beobachtung des Erwachsenen auf ihr Verhalten hatte.

Objektivität

Außerdem ist entscheidend, dass das Verhalten der Kinder möglichst objektiv erfasst wurde, dass also verschiedene Beobachter zu den gleichen Schlüssen gekommen wären. Dafür müssen in unserem Beispiel feste Kriterien für aggressives Verhalten festgelegt worden sein, die für alle Kinder gelten und von verschiedenen Beobachtern gleichermaßen verwendet werden können.

1.2 Verhaltensbeobachtungen und Korrelationsstudien

ökologische Validität

Experimente erlauben also, zu erforschen, wie sich bestimmte Faktoren auf das Verhalten auswirken. Anders als bei anekdotischen Beobachtungen kann bei gut durchgeführten Experimenten mit einer hohen Wahrscheinlichkeit auf kausale Zusammenhänge geschlossen werden. Dennoch haben Experimente auch einen Nachteil, nämlich die häufig geringe *ökologische Validität*. Damit ist gemeint, dass die Ergebnisse sich nur bedingt auf Situationen außerhalb des Untersuchungskontexts übertragen lassen. Im vorherigen Kapitel wurde schon ersichtlich, dass Experimente unter streng kontrollierten Bedingungen stattfinden müssen, die für alle Teilnehmer identisch sind. Im Alltag sind die meisten Situationen jedoch komplexer als im Experiment. So ist es unwahrscheinlich, dass Kinder im Alltag völlig unbehelligt aggressives Verhalten zeigen können, da sie dafür vermutlich schnell gerügt oder bestraft werden. Außerdem ist unklar, wie die ungewohnte Situation in einem Labor selbst, das Verhalten der Kinder beeinflusst.

Feldstudien

Aus diesem Grund kann es sinnvoll sein, neben kontrollierten Experimenten auch Verhaltensbeobachtungen im Alltag vorzunehmen, also „im Feld“ wie Psychologen sagen. Hier werden Kinder meist entweder zu Hause oder im Kindergarten besucht und ihr alltägliches Verhalten wird beobachtet. Auch hier ist denkbar, dass die Kinder durch die ungewohnte Beobachtungssituation beeinflusst werden. Daher ist es für die Beobachter wichtig, sich möglichst zurückzuhalten oder auch Videoaufzeichnungen zu machen, die erst später ausgewertet werden. So wäre es z. B. möglich, zu erfassen, wie häufig Kinder innerhalb eines bestimmten Zeitraums im Kindergarten aggressives Verhalten zeigen und welche Ereignisse diesem Verhalten jeweils vorausgingen. Verhaltensbeobachtungen erzeugen meist komplexere Daten als kontrollierte Experimente und sind schwieriger zu interpretieren, da nicht klar ist, ob alle entscheidenden Faktoren aufgezeichnet werden konnten. Aufgrund ihrer hohen ökologischen Validität sind sie dennoch eine wertvolle Informationsquelle.

Zusammenhänge erforschen

Es gibt also gute Gründe, je nach Forschungsfrage, das Verhalten von Kindern in ihrem alltäglichen Umfeld, z. B. zu Hause oder im Kindergarten, zu beobachten. Da diese Verhaltensbeobachtungen mit einem sehr großen Aufwand einhergehen, werden oft die Eltern befragt, wie sich ihr Kind im Alltag verhält und welchen Situationen es wie häufig ausgesetzt ist. Durch eine Kombination von Elternbefragung und Verhaltensbeobachtung können ebenfalls wichtige Erkenntnisse gewonnen werden. So ist es beispielsweise möglich, die Eltern zu Gewalterfahrungen der Kinder in der Familie, die kaum direkt beobachtet werden können, zu befragen und das aggressive Verhalten des Kindes im Kindergarten direkt zu beobachten. Beide Maße können dann korreliert werden, d.h. es wird festgestellt, ob eine hohe Ausprägung in einem Maß mit einer hohen Ausprägung im anderen Maß bei der gleichen Person einhergeht (positive Korrelation), oder ob eine hohe Ausprägung in einem Maß eher mit einer niedrigen Ausprägung im anderen Maß einhergeht (negative Korrelation). So könnten im Falle einer positiven Korrelation, Kinder im Kindergarten aggressiver sein, je mehr Gewalt sie selbst in der Familie erlebt haben.

Kausalität bei Korrelationen

Bei der Interpretation von Korrelationen ist stets zu beachten, dass sie keine Schlüsse auf kausale Zusammenhänge erlauben. So ist häufig nicht klar, welches Maß das andere bedingt, wenn ein korrelativer Zusammenhang vorliegt. Oft gibt es zudem weitere Faktoren, die gar nicht mit erfasst wurden, aber beide Maße beeinflussen. So wird seit einigen Jahren heftig diskutiert, ob der Konsum von Videospielen mit Gewaltdarstellungen bei Jugendlichen zu aggressivem Verhalten führt (Ferguson et al. 2013). Anhand von Korrelationsstudien allein kann diese Frage nicht beantwortet werden, auch wenn eine positive Korrelation gefunden wird. Es kann sein, dass Videospiele aggressives Verhalten hervorrufen, aber es ist auch möglich, dass aggressive Jugendliche eher dazu neigen, diese Art von Videospiele zu spielen. Aggressivität als Persönlichkeitsmerkmal würde dann sowohl das Spielverhalten als auch das aggressive Verhalten beeinflussen und müsste zumindest als Einflussvariable mit untersucht werden. Die vorliegenden Daten erlauben daher keine abschließende Antwort auf diese Frage.

Längsschnitt vs. Querschnitt

Die entwicklungspsychologische Forschung interessiert sich für Veränderungen im Erleben und Verhalten, die mit dem Alter einhergehen. Daher macht es Sinn, UntersuchungsteilnehmerInnen mehrmals zu beobachten, um bei ihnen altersbedingte Veränderungen feststellen zu können (*Längsschnittstudien*). Längsschnittstudien können sehr informativ sein, allerdings sind sie auch sehr aufwändig, da TeilnehmerInnen über längere Zeiträume immer wieder beobachtet werden müssen. Es muss dabei grundsätzlich mit einem „Ausfall" von Daten gerechnet werden, da beispielsweise TeilnehmerInnen im Verlauf der Studie umziehen und nicht mehr erreicht werden können. Zudem dauert es sehr lange bis Daten über längere Zeiträume erhoben werden können. Häufig werden daher Stichproben verschiedener Altersgruppen nur je einmal untersucht (*Querschnittstudien*). Querschnittstudien erlauben es, festzustellen, welches Verhalten Kinder in verschiedenen Altersgruppen jeweils zeigen. Allerdings kann nicht festgestellt werden, ob das Verhalten im jüngeren Alter mit dem späteren Verhalten in Zusammenhang steht, da beides bei unterschiedlichen Personen erfasst wurde.

1.3 Testverfahren

Entwicklungsdiagnostik

Eine wichtige Aufgabe von EntwicklungspsychologInnen ist es, festzustellen, ob die Entwicklung einzelner Kinder normal verläuft bzw. ob ein Kind in einem bestimmten Aspekt seiner Entwicklung verzögert ist oder eine Entwicklungsstörung vorliegt (Kap. 6). In letzteren Fällen kann eine frühzeitige Diagnose sowohl den Eltern als auch dem Kind helfen, mit seinen Besonderheiten umzugehen. Je nachdem, welche Art von Beeinträchtigung vorliegt, stehen eventuell Trainingsprogramme und Fördermaßnahmen zur Verfügung, um Entwicklungsrückstände aufzuholen oder präventiv zu verhindern (Kap. 5).

Zur Entwicklungsdiagnostik werden in der Regel verschiedene Informationsquellen herangezogen. Dazu gehören Interviewverfahren mit den Eltern und – je nach sprachlichem Entwicklungsstand – auch mit dem Kind selbst sowie Fragebögen, die in der Regel von den Eltern ausgefüllt werden und Informationen zum Verhalten des Kindes im Alltag liefern.

standardisierte Tests

Um festzustellen, ob die Fähigkeiten eines Kindes seinem Alter entsprechend entwickelt sind, werden zudem standardisierte Testverfahren verwendet. Diese Tests werden von PsychologInnen durchgeführt und erlauben eine Einschätzung der Fähigkeiten von Kindern in verschiedenen Entwicklungsbereichen, z. B. Intelligenz, Sprache und Motorik. Standardisierte Tests sind dadurch gekennzeichnet, dass sie die Fähigkeiten von Kindern unter möglichst kontrollierten Bedingungen mittels vordefinierter Aufgaben erfassen und dadurch eine objektive Messung erlauben. Da der Test bei jedem Kind in möglichst gleicher Weise durchgeführt werden muss, ist ein ausführliches Training der TesterInnen notwendig.

Zur Einschätzung des Entwicklungsstands des einzelnen Kindes werden dessen Testergebnisse mit sogenannten *Normdaten* verglichen. Diese wurden anhand einer repräsentativen Stichprobe von Kindern verschiedenen Alters erhoben und werden zusammen mit dem Testmaterial zur Verfügung gestellt. So kann festgestellt werden, ob beispielsweise die sprachlichen Fähigkeiten eines Kindes im Vergleich mit dem Durchschnitt seiner Altersgruppe im normalen Bereich liegen.

Auch im Rahmen von Studien können standardisierte Testverfahren angewendet werden. So können Korrelationen zwischen sprachlichen oder intellektuellen Fähigkeiten der VersuchsteilnehmerInnen mit ihrem Verhalten in einem Experiment erfasst werden. Eine Forschungsfrage könnte lauten, ob Kinder mit besseren sprachlichen Fähigkeiten auch besser darin sind, die mentalen Zustände anderer Menschen nachzuvollziehen.

1.4 Fazit: Wissenschaftliche Zugänge zur kindlichen Entwicklung

In diesem Kapitel haben Sie verschiedene wissenschaftliche Methoden der Entwicklungspsychologie kennengelernt. Ein zentrales Kriterium wissenschaftlichen Arbeitens ist die Objektivität. Verhaltensmessungen müssen so durchgeführt werden, dass sie vom Beobachter möglichst unabhängig sind, was bei frühen Tagebuchstudien nicht der Fall war. Experimente bieten im Gegensatz zu Korrelationsstudien die Möglichkeit, kausale Zusammenhänge zwischen bestimmten kontrollierten Faktoren und dem resultierenden Verhalten zu erforschen. Die Übertragbarkeit experimenteller Befunde auf Alltagssituationen ist jedoch oft eingeschränkt, da sie unter streng kontrollierten Bedingungen durchgeführt werden.

1 Was ist der Vorteil von Experimenten gegenüber anekdotischen Beobachtungen?

2 Warum lässt eine positive Korrelation zwischen zwei Maßen nicht auf einen kausalen Zusammenhang schließen?

3 Was ist der Unterschied zwischen Längsschnitt- und Querschnittstudien? Was sind Vor- und Nachteile?

2
Einflüsse von Biologie und soziokulturellem Kontext auf Entwicklungsprozesse

In diesem Kapitel werden zunächst verschiedene Arten von Entwicklungsprozessen vorgestellt. Daraufhin werden Einflüsse von Biologie und soziokulturellem Kontext für die kindliche Entwicklung gegenübergestellt und die Persönlichkeitsentwicklung in der Kindheit beschrieben. Im nächsten Abschnitt betrachten wir das Kind in seinem sozialen Kontext bevor wir das Kapitel mit einem Überblick der Gehirnentwicklung abschließen.

Die Frage, welchen relativen Einfluss Biologie und soziokultureller Kontext auf die individuelle Entwicklung des Menschen haben, beschäftigt die Forschung schon seit einiger Zeit. Moderne entwicklungspsychologische Ansätze berücksichtigen beide Arten von Faktoren. Sie gehen also davon aus, dass sowohl die genetische „Grundausstattung" und die dadurch gesteuerten biologischen Prozesse als auch kulturelle und soziale Kontextbedingungen sich auf die individuelle Entwicklung auswirken. Zudem werden Interaktionen zwischen biologischen Faktoren und Umweltgegebenheiten berücksichtigt. So können widrige Umweltbedingungen je nach genetischer Prädisposition sehr unterschiedliche Auswirkungen haben, während eine günstige Umgebung zum Teil vor der Ausprägung einer erblich bedingten Störung der psychischen Entwicklung schützen kann (Belsky / Pluess 2009).

2.1 Arten von Entwicklungsprozessen

In diesem Abschnitt betrachten wir verschiedene Arten von psychischen Entwicklungsprozessen. Dabei werden sowohl biologische als auch soziokulturell bedingte Prozesse berücksichtigt.

Die **psychische Entwicklung** umfasst nachhaltige Veränderungen im Verhalten und Erleben von Personen, die systematische Zusammenhänge mit dem Lebensalter aufweisen.

Die Entwicklungspsychologie beschäftigt sich in der Regel mit der Entwicklung von Individuen, d. h. mit der Ontogenese, im Gegensatz zur stammesgeschichtlichen Entwicklung, der Phylogenese. Der Bezug auf das Lebensalter ist wichtig, da die psychische Entwicklung sonst kaum von Lernprozessen abgegrenzt werden könnte, die optional sind und von der Kindheit bis ins hohe Erwachsenenalter im Prinzip jederzeit erfolgen können, wie z. B. der Erwerb einer Zweitsprache oder das Lernen eines Musikinstruments.

Lernen beinhaltet Veränderungen im Wissen und der Kompetenzen des Individuums, die nicht zwingend an ein bestimmtes Alter oder einen Lebensabschnitt gebunden sind. Es handelt sich mitunter um vorrübergehende Veränderungen.

Systematische Zusammenhänge von Entwicklungsprozessen mit dem Alter bedeuten jedoch nicht, dass das Lebensalter selbst diese Veränderungen kausal bedingt oder erklären kann.

Der Zusammenhang von Entwicklungsprozessen und Lebensalter

Es gibt in der Kindheit und Jugendzeit zunächst einen raschen Anstieg in der Intelligenzleistung und dann in Bezug auf einige intellektuelle Fähigkeiten einen Abfall im höheren Erwachsenenalter. Diese Veränderungen stehen zwar mit dem Lebensalter in Zusammenhang, werden jedoch nicht durch das Alter selbst verursacht, sondern beispielsweise durch Reifungs- und Abbauprozesse im Gehirn.

Am Beispiel Intelligenz wird auch deutlich, dass Entwicklung nicht immer einen Zugewinn an Fähigkeiten bedeutet. Auch Verluste und Abbauprozesse gehören zur ganz normalen Entwicklung des Menschen dazu. Die Vorstellung, dass die gesunde Entwicklung immer auf einen „höheren" oder „besseren" Zustand gerichtet ist, ist also falsch. Zudem wird durch das Beispiel demonstriert, dass Entwicklung als lebenslanger Prozess zu verstehen ist, der keineswegs auf die Kindheit und das Jugendalter beschränkt ist, wobei biologische Entwicklungsprozesse in der frühen Kindheit besonders schnell und intensiv ablaufen (Kap. 2.4).

quantitative und qualitative Veränderungen

Entwicklung beinhaltet sowohl qualitative als auch quantitative Veränderungen. Beispiele für quantitative Veränderungen sind Zunahmen im Wortschatz sowie in der Intelligenz- und Gedächtnisleistung im Kindesalter. In Bezug auf die Gedächtnisleistung lassen sich jedoch auch altersbezogene qualitative Veränderungen beobachten. Dazu gehört beispielsweise die Entwicklung neuer Gedächtnisstrategien wie der Gruppierung von Wörtern einer zu lernenden Wortliste nach Oberbegriffen (Schneider et al. 2002). Ein weiteres Beispiel für einen qualitativen Entwicklungsschritt im Alter von etwa vier Jahren ist die Bildung eines Konzepts für die mentalen Zustände anderer Personen, die sowohl von den eigenen Überzeugungen als auch von der Realität abweichen können (Wellman et al. 2001).

universelle oder differenzielle Prozesse?

Die Entwicklungspsychologie beschäftigt sich zum einen mit regelhaften Veränderungen, die zumindest innerhalb einer Kultur bei der Mehrzahl der normal entwickelten Individuen in einem bestimmten Alter auftreten, z. B. dem Erwerb der Erstsprache. Die Bezeichnung solcher Prozesse als „universell" ist jedoch insofern problematisch, dass die Mehrzahl entwicklungspsychologischer Studien in westlichen Kulturen durchgeführt wurde und kulturvergleichende Untersuchungen nach wie vor selten sind. Existierende kulturvergleichende Studien zeigen bedeutsame Unterschiede im Bewältigen universeller Entwicklungsaufgaben in Abhängigkeit von der Sozialisation in verschiedenen Kulturen (Greenfield et al. 2003).

Unter **Sozialisation** versteht man Entwicklungsprozesse, die von kulturspezifischen Entwicklungszielen, Erziehungsmethoden sowie Umweltfaktoren (z. B. dem Alter der Einschulung) abhängen.

Der Einfluss der Kultur auf universelle Entwicklungsaufgaben

In Europa erwerben Kinder normalerweise zuerst „egozentrische" Begriffe zur räumlichen Orientierung, die sich zwischen Personen je nach der individuellen Position im Raum unterscheiden können (z. B. links und rechts). Kinder in Bali verwenden dagegen bereits mit vier bis fünf

Jahren „geozentrische“, also absolute Raumbegriffe, die unabhängig von der individuellen Perspektive und Position im Raum sind (z. B. nördlich und südlich). Der Vorrang der individuellen Perspektive bei der Beschreibung räumlicher Relationen ist also keineswegs universell, sondern kulturabhängig.

Zum anderen interessieren sich EntwicklungspsychologInnen für interindividuelle Unterschiede in Entwicklungsverläufen, also für differenzielle Prozesse bei verschiedenen Personen innerhalb einer Kultur. So kann eine verzögerte Zunahme des Wortschatzes im Alter von zwei bis drei Jahren mit dauerhaften Schwierigkeiten im Spracherwerb und sogar einer Sprachentwicklungsstörung einhergehen, deren Früherkennung für eine effektive Intervention wichtig ist (Suchodoletz 2011, Kap. 6). Interessant ist bei der Untersuchung interindividueller Verschiedenheiten die Frage, wodurch diese bedingt sind. Dabei sollten sowohl genetisch bedingte, biologische Faktoren als auch unterschiedliche Umweltbedingungen in Betracht gezogen werden (Kap. 2.2). So hängt die Sprachentwicklung neben genetischen Faktoren unter anderem vom sozioökonomischen Status der Eltern ab, also deren Bildungsstand, Beruf und Einkommen sowie von der Verfügbarkeit von Spielzeugen und Büchern zu Hause ebenso wie von der verbalen Responsivität der Eltern, d. h. ob und wie intensiv die Eltern auf sprachliche Äußerungen des Kindes reagieren (Mendelsohn 2002).

sensible Phasen

Vor allem in der frühen Entwicklung wird öfters von sensiblen Phasen oder auch sensiblen Perioden gesprochen. Damit sind Altersspannen gemeint, in denen bestimmte Entwicklungsprozesse ablaufen, die weder vorgezogen noch nachgeholt werden können. Insofern bieten sensible Phasen auf der einen Seite besondere Entwicklungschancen, wenn sie optimal genutzt werden. Auf der anderen Seite besteht das besondere Risiko, dass eine sensible Phase verpasst wird und sich bestimmte Entwicklungsfenster für immer schließen, wenn in dieser Zeit relevante Erfahrungen nicht gemacht werden. In der Regel sind der Beginn und das Ende sensibler Phasen an biologische Reifungsprozesse im Gehirn gebunden.

Der Begriff **Reifung** umfasst Entwicklungsprozesse, die genetisch vorprogrammiert sind und auf biologischen Veränderungen, z. B. der Gehirnstruktur, beruhen. Sie treten in der Regel universell auf, sind an ein bestimmtes Alter gebunden und nicht umkehrbar.

Neben dem genetisch programmierten Ablauf von Reifungsprozessen, ist der erfolgreiche Verlauf sensibler Phasen stark abhängig vom sensorischen, kognitiven oder auch emotionalen Input, den das Individuum in dieser Zeit aus seiner Umgebung erhält. Fehlt der normalerweise zu erwartende Input in einer sensiblen Phase, kann dies schwerwiegende und langanhaltende Folgen haben.

Die sensible Phase bei einer Linsentrübung

Wenn Kinder aufgrund einer Erkrankung der Mutter während der Schwangerschaft mit einer Linsentrübung (grauer Star) auf die Welt kommen, sollten sie möglichst schon vor dem Alter von sechs Wochen operiert werden. Bei einer Operation nach der sechsten Lebenswoche haben betroffene Kinder noch im Alter von fünf bis acht Jahren eine eingeschränkte Sehschärfe und Kontrastsensitivität (Birch/Stager 1996).

Diese Beobachtung weist darauf hin, dass das visuelle System in den ersten Lebensmonaten auf kontinuierlichen Input angewiesen ist, um sich normal zu entwickeln und dass fehlender Input in dieser sensiblen Phase auch nach Jahren nicht ausgeglichen werden kann.

Fazit

Die psychische Entwicklung umfasst sowohl quantitative als auch qualitative Veränderungen, die systematisch mit dem Alter zusammenhängen. Sowohl die genetisch bedingte biologische Reifung als auch kulturabhängige Sozialisationsprozesse und Lerngelegenheiten tragen zur Entwicklung psychischer Funktionen und Fähigkeiten bei.

1 Welche Arten von Entwicklungsprozessen kennen Sie?

2 Nennen Sie Beispiele für qualitative und quantitative Entwicklungen!

3 Was versteht man unter einer sensiblen Phase?

2.2 Die Bedeutung von Genen und Umwelt

In diesem Abschnitt beschäftigen wir uns mit den Einflüssen von Genom und Umwelt auf die menschliche Entwicklung. Am Beispiel der Gesichtswahrnehmung, also ein Gesicht zu erkennen und sich an dieses zu erinnern, sehen wir, dass Gene und Umwelt zusammenwirken.

Als **Genom** oder Erbgut bezeichnet man das genetische Material eines Lebewesens und damit die Gesamtheit aller vererbbaren Informationen.

Als **Genotyp** bezeichnet man die genetische Ausstattung eines Individuums, also den individuellen Satz von Genen.

Als **Phänotyp** bezeichnet man das Erscheinungsbild der Körper- und Verhaltensmerkmale, die Ausdruck des Genotyps sind.

Gene versus Umwelt?

Die Frage, ob der Mensch eher durch seine Biologie oder durch seine Umgebung geprägt ist, haben sich schon die ersten Philosophen und Wissenschaftler gestellt. Wissenschaftsgeschichtlich gab es immer wieder Phasen, in denen die eine Meinung vorherrschend war und Phasen, in denen die andere Meinung dominierte. Letztendlich geht man heutzutage davon aus, dass alle Körper- und Verhaltensmerkmale eines Menschen sowohl von seinem Genom als auch seinen Erfahrungen in der Umwelt beeinflusst werden und dass die Frage, ob eher das eine oder das andere dominiert genauso wenig Sinn macht wie die Frage, ob eher die Länge oder die Breite eine Fläche bestimmen. Aus „Genom versus Umwelt“ ist ein „Genom x Umwelt“ geworden.

Genotyp-Umwelt-Kovariationen

Das Zusammenspiel von Genotyp und Umwelt ist sehr komplex und nicht zufällig. Mit dem Begriff „Genotyp-Umwelt-Kovariation“ bezeichnet man drei verschiedene Umstände, in denen der Genotyp und die Umwelt eng miteinander verknüpft sind:

1. Eltern vererben nicht nur ihre Gene an ihre Kinder, sondern bestimmen meist auch ihre Umwelt. Dies nennt man passive Genotyp-Umwelt-Kovariation.

2. Von reaktiver Genotyp-Umwelt-Kovariation spricht man, wenn der Genotyp eine bestimmte Umwelt hervorruft.

3 Unter der aktiven Genotyp-Umwelt-Kovariation versteht man, dass sich Personen gemäß ihres Genotyps ihre Umwelt aktiv gestalten.

Passive Genotyp-Umwelt-Kovariation: Ein musikalischer Vater vererbt seine Musikalität eventuell an seine Kinder. Zugleich gestaltet er sicherlich auch das Zuhause mit Musik und Instrumenten entsprechend seiner Neigung.

Reaktive Genotyp-Umwelt-Kovariation: Wenn Eltern erkennen, dass ihr Kind musikalisch ist, werden sie diese Musikalität eventuell fördern, indem sie gemeinsam Musik hören oder das Kind zu einer Musikschule schicken.

Aktive Genotyp-Umwelt-Kovariation: Ein Kind, das Musik mag, interessiert sich vermehrt für Musikinstrumente, schlägt beim gemeinsamen Spiel vor, Musik zu machen oder zu hören und drückt vielleicht schon früh den Wunsch aus, ein Instrument lernen zu wollen.

Alle drei Genotyp-Umwelt-Kovariationen sind für die menschliche Entwicklung relevant, wobei es im Laufe der Entwicklung zu einer Verschiebung von der zunächst hauptsächlich passiven, dann reaktiven hin zur aktiven Genotyp-Umwelt-Kovariation kommt. Gerade in der Kindergartenzeit fangen Kinder durch das Ausdrücken von Vorlieben und Wünschen an, ihre Umwelt aktiv mitzugestalten – sie werden damit auch Gestalter ihrer eigenen Entwicklung.

Gesichtswahrnehmung: Biologie und Umwelt

Das Zusammenwirken von Biologie und Umwelt kann man am Beispiel der Gesichtswahrnehmung nachvollziehen. Die korrekte Wahrnehmung und das Wiedererkennen von Gesichtern sind zentral für das soziale Leben des Menschen. Dies wird auch dadurch deutlich, dass der Mensch mit einer angeborenen Präferenz für Gesichter zur Welt kommt: Nur wenige Minuten alte Neugeborene wenden sich eher einem Gesicht zu als einem anderen Reiz (Goren et al. 1975). Auch die Fähigkeit, Gesichter erinnern zu können, ist in hohem Maße erblich (Wilmer et al. 2010). Doch in der Entwicklung der Gesichtswahrnehmung treffen diese starken Einflüsse der Biologie auf ebenso starke Einflüsse der Umwelt: So führen unsere Erfahrungen mit den Gesichtern in unserem Umfeld dazu, dass wir Experten für diese werden. Als EuropäerInnen sind wir sehr gut in der Lage, europäische Gesichter zu unterscheiden. Die Diskrimination von afrikanischen oder asiatischen Gesichtern fällt uns dagegen sehr schwer und umgekehrt (Anzures et al. 2013). Auch Menschen aus den verschiedenen Kulturen betrachten Gesichter unterschiedlich: Während Personen aus dem westlichen Kulturkreis besonders die Augenregion beachten, fixieren Personen aus dem östlichen Kulturkreis eher die Mitte des Gesichts (Miellet et al. 2013). Wie wir Gesichter wahrnehmen und verarbeiten ist somit sowohl von unseren Genen als auch von unserer Umwelt bestimmt.

Fazit

Der Mensch wird durch das komplexe Zusammenspiel von Anlage und Umwelt bestimmt. Dies zeigt vor allem die passive, reaktive und aktive Genotyp-Umwelt-Kovariation. Gleichzeitig kann das Beispiel der Gesichtswahrnehmung als Beweis für das Zusammenwirken von Biologie und Umwelt gelten, da nicht nur Neugeborene eine Präferenz für Gesichter zeigen (Biologie), sondern auch die kulturspezifische Unterscheidung von Gesichtern ein Hinweis auf den Einfluss der Umwelt ist.

Berk, L.E. (2011): Die Beziehung zwischen Erbanlagen und Umwelt verstehen. In: Berk, L.E. (Hrsg.): Entwicklungspsychologie. Pearson Studium, Hallbergmoos

1 Was beschreibt der Genotyp?

2 Nennen Sie ein Beispiel für eine aktive Genotyp-Umwelt-Kovariation!

2.3 Das Kind im sozialen Kontext

In diesem Abschnitt starten wir mit der Einführung der Bindungstheorie und betrachten dann die für ein Kind im Alter von vier bis sechs Jahren besonders wichtigen sozialen Kontexte Familie und Kindergarten.

Unter **Bindung** verstehen wir eine enge und langanhaltende emotionale Beziehung zwischen zwei Personen, hier vor allem zwischen dem Kind und seinen Eltern oder anderen wichtigen Bezugspersonen wie z.B. ErzieherInnen.

Bindung zu Betreuungspersonen

John Bowlby formulierte seine Bindungstheorie aufgrund von Beobachtungen von Kindern, die von ihren Eltern getrennt aufwuchsen und nur bezüglich ihrer körperlichen Grundbedürfnisse versorgt wurden, nicht aber hinsichtlich ihrer emotionalen Bedürfnisse. Aufgrund dessen waren sie stark sozial beeinträchtigt. Laut Bowlbys Bindungstheorie kommen Kinder mit einem angeborenen Bedürfnis auf die Welt, Bindungen zu Betreuungspersonen aufzubauen. Die engste Betreuungsperson – oft, aber nicht notwendigerweise, die Mutter – bildet dann die „sichere Basis“, von der aus das Kind seine Umwelt erforschen kann.

Rückschlüsse auf die Qualität der Bindung zu ihren Bezugspersonen, kann man aus einer von Mary Ainsworth entwickelten Beobachtungssituation, gewinnen.

Die Fremde Situation nach Ainsworth (Ainsworth et al. 1978)

In der Fremden Situation wird das Kind und seine Bezugsperson (z.B. Mutter oder Vater) zunächst von der Versuchsleiterin begrüßt und in ein Zimmer geführt. Es wird dann – auch videounterstützt – beobachtet, wie das Kind auf verschiedene Situationen reagiert.

1. Bezugsperson als sichere Basis: Zunächst sind Kind und Bezugsperson allein und das Kind kann die Umgebung explorieren.
2. Reaktion auf eine fremde Person: Dann betritt eine fremde Person den Raum, wendet sich zunächst an die Bezugsperson und schließlich auch an das Kind.
3. Erste Trennungssituation: Die Bezugsperson verlässt dann möglichst unauffällig das Zimmer – hier beobachtet man zum ersten Mal das Verhalten des Kindes in einer Trennungssituation.
4. Erste Reaktion auf Wiedervereinigung: Die Bezugsperson kommt nach spätestens drei Minuten wieder (oder früher, wenn das Kind zu sehr gestresst ist) und die fremde Person verlässt den Raum.
5. Zweite Trennungssituation: Dann verlässt auch die Bezugsperson wieder den Raum.
6. Trösten durch fremde Person: Daraufhin betritt die fremde Person den Raum und bietet an, mit dem Kind zu spielen oder es zu trösten.
7. Zweite Reaktion auf Wiedervereinigung: Schließlich kommt die Bezugsperson wieder.

Von einem sicher gebundenen Kind spricht man, wenn es eine hochwertige, recht eindeutige Beziehung zu einer Bezugsperson hat. Diese bildet für das Kind die sichere Basis, um seine Umgebung zu erforschen. Wird das kleine Kind von dieser Bezugsperson getrennt, so weint es zunächst, freut sich aber und lässt sich leicht beruhigen, wenn diese wieder zurückkehrt.

Kinder können nicht nur eine sichere Bindung zu einer Bezugsperson aufbauen, sondern verschiedene Bindungen zu verschiedenen Personen. Deshalb ist es besonders wichtig, Kindern, die eine neue Bezugsperson wie eine Tagesmutter / einen Tagesvater oder eine Erzieherin / einen Erzieher kennenlernen, Zeit zu geben, zu dieser Person bzw. diesen Personen eine sichere Bindung aufzubauen. Im Abschnitt „Kindertagesbetreuung" (Kap. 2.3.2) stellen wir daher ein Modell zur Eingewöhnung in die Kindertagesstätte vor, das auf der Bindungstheorie basiert.

2.3.1 Familie

Familien stellen den unmittelbarsten Kontext eines jeden Kindes dar. Die Hauptfunktion der Familie ist die Sicherung des Überlebens des Kindes bis dieses reif genug ist, selbständig zu leben. Darüber hinaus vermittelt die Familie grundlegende Werte und stellt die Mittel bereit, die ein Kind für seine Entwicklung benötigt. Als Familie werden meist Eltern (oder Elternteile) und ihre Kinder bezeichnet. Inwieweit Großeltern, Geschwister der Eltern und entferntere Verwandte zur Familie gezählt werden, ist kulturabhängig. Die zentrale Beziehung innerhalb einer Familie ist die Eltern-Kind-Beziehung, aber auch die Beziehungen zu Geschwistern und Großeltern sind wichtig für Kinder.

Erziehungsstile

Die amerikanische Entwicklungspsychologin Diana Baumrind (Baumrind 1967) unterscheidet vier Erziehungsstile, die Einstellungen und Verhalten von Eltern beschreiben und damit die Eltern-Kind-Beziehung maßgeblich beeinflussen. Die vier Erziehungsstile ergeben sich aus den unterschiedlichen Ausprägungen der Dimensionen „Ansprechbarkeit" (oder Wärme) und „Anforderung" (oder Kontrolle) (Tab. 1):

Eine hohe Ansprechbarkeit und hohe Anforderung markiert den autoritativen Erziehungsstil, bei dem Kindern klare Grenzen gesetzt werden, aber auch auf die Bedürfnisse der Kinder eingegangen wird und diese viel Unterstützung erfahren. Eine niedrige Ansprechbarkeit und hohe Anforderung beschreibt den autoritären Erziehungsstil. Hier haben sich Kinder ihren Eltern unterzuordnen und müssen diesen gehorchen. Der permissive Erziehungsstil kennzeichnet sich durch eine hohe Ansprechbarkeit und

Tab. 1: Vier Erziehungsstile nach Baumrind

		Anforderung / Kontrolle	
		Hoch	**Niedrig**
Ansprechbarkeit / Wärme	**Hoch**	Autoritativ	Permissiv
	Niedrig	Autoritär	Zurückweisend / Vernachlässigend

eine niedrige Anforderung: Eltern gehen sehr stark auf ihre Kinder ein und setzen nur wenige Grenzen. Eine niedrige Ansprechbarkeit bei niedriger Anforderung führt zu einem zurückweisend-vernachlässigenden Erziehungsstil: Eltern sind weder an einer Kontrolle noch an der Unterstützung ihrer Kinder interessiert und weisen diese zurück oder vernachlässigen sie.

Anna, vier Jahre, nimmt ihrem Bruder Tim (acht Monate) das Spielzeug weg und wird dabei von ihren Eltern und der Großmutter beobachtet. Der Vater wendet sich an Anna: „Anna, wir haben doch die Regel, dass wir anderen keine Sachen wegnehmen. Schau, jetzt weint Timmi. Bitte gib ihm das Spielzeug zurück." Noch bevor Anna etwas tun kann, mischt sich die Mutter ein, nimmt Anna das Spielzeug weg und gibt es Tim zurück, sie herrscht Anna an: „Wenn Du Tim noch einmal das Spielzeug wegnimmst, kannst Du was erleben!" Worauf die Großmutter einwendet: „Ach, lasst sie doch, so wichtig ist das doch jetzt nicht, ist doch sonst unser kleines Goldengelchen".

In diesem Beispiel zeigt der Vater einen autoritativen, die Mutter einen autoritären und die Großmutter einen permissiven Erziehungsstil. Während der autoritäre Erziehungsstil als „zu streng" beurteilt wird und der permissive als „zu weich", wird der autoritative Erziehungsstil von ForscherInnen als „genau richtig" beurteilt. Kinder autoritativer Eltern sind meist selbstbewusst und durchsetzungsfähig, aber auch sozial verantwortungsbewusst, bei ihren Altersgenossen beliebt und sie erbringen üblicherweise gute schulische Leistungen.

Geschwister

Fast die Hälfte aller Kinder bekommt ein Geschwisterchen und dies passiert meist während der Kindergartenzeit. Aktuell beträgt der mittlere Abstand zwischen Geschwistern vier bis fünf Jahre: Die im Jahr 2010 geborenen zweiten Kinder einer Familie waren im Durchschnitt vier Jahre jünger als ihre erstgeborenen Geschwister, die dritten Kinder waren fünf Jahre jünger als die zweitgeborenen Kinder (Statistisches Bundesamt 2012). Die Geburt eines Geschwisters ist von großer Bedeutung für ein Kind. Auch wenn sich zunächst das erste Kind mit der Geburt des zweiten Kindes arrangieren muss, so gibt es keine überzeugenden Hinweise für große Unterschiede zwischen Erst- und Zweitgeborenen im Hinblick auf Persönlichkeitsmerkmale oder kognitive Fähigkeiten (Jefferson et al. 1998).

Geschwister sind füreinander Spielpartner und Freund, sie können voneinander lernen und sich gegenseitig helfen, sie sind aber auch Quelle für Konflikte und Rivalität. Ob Geschwister gut miteinander auskommen, hängt von vielen Faktoren ab: Die Beziehung der Eltern zu ihren Kindern spielt eine große Rolle, besonders wie warmherzig sie gegenüber ihren Kindern sind und ob sie es schaffen, diese auf ähnliche Weise zu behandeln (Pike et al. 2009).

Einzelkinder – allein und gemein?

Seit der amerikanische Psychologe G. Stanley Hall Ende des 19. Jahrhunderts schrieb „Ein Einzelkind zu sein ist eine Krankheit an sich" halten sich hartnäckig Vorurteile gegenüber Einzelkindern. Einzelkinder werden meist als weniger sozial beschrieben, als egoistischer und aggressiver als Kinder, die Geschwister haben. Keines dieser Vorurteile kann durch die psychologische Forschung mit den heutigen Einzelkindern bestätigt werden.

Großeltern

Großeltern spielen eine große Rolle im Leben von Vorschulkindern. Oft springen die Großeltern ein, wenn es Engpässe in der Kinderbetreuung gibt, das Kind erkrankt oder beide Eltern Arbeitstermine wahrnehmen müssen. Bei Alleinerziehenden spielen die Großeltern oftmals sogar eine noch größere Rolle in der Kindererziehung. Laut der Untersuchung „Aufwachsen in Deutschland: Alltagswelten", kurz „AID:A", des Deutschen Jugendinstituts betreuen Großeltern in einer Familie mit beiden Eltern die Kinder bis zu zehn Stunden pro Woche mit, 40 % auch mehr als zehn Stunden. Bei Alleinerziehenden sind es sogar 60 % der Großeltern, die mehr als zehn Stunden wöchentlich in die Betreuung ihrer Enkelkinder investieren (Honig / Zerle 2011). Das bedeutet, dass die Kinderbetreuung durch die Großeltern eine wichtige Ergänzung zur elterlichen und institutionellen Betreuung darstellt.

Doch Großeltern handeln nicht nur als Familien-Feuerwehr: Sie verbringen auch gerne viel Zeit mit ihren Enkelkindern. Durch den Geburtenrückgang können sich die Großeltern mit den wenigen Enkelkindern, die sie meist haben, intensiver beschäftigen und sie auch finanziell besser unterstützen. Großeltern gelten darüber hinaus auch als Vermittler kultureller Werte, da sie Familientraditionen eher wahren. Diese vielfältigen Rollen von Großeltern könnten zu Konflikten zwischen Großeltern- und Elterngeneration führen. Doch der Schweizer Soziologe François Höpflinger meint zu beobachten, dass dies immer weniger der Fall ist, die Generationen also mehr zusammenrücken. Er spricht von einem Prinzip des «Engagements ohne Einmischung», das eine erfolgreiche Dreierbeziehung zwischen Großeltern, Eltern und Kindern unterstützt (Höpflinger o. J.).

Zusammenfassend kann man sagen, dass die Beziehung zu ihren Großeltern für Vorschulkinder sehr wichtig ist. Großeltern stellen nicht nur wichtige Betreuungspersonen dar, sondern sie schenken ihren Enkelkindern vor allem ein heutzutage kostbares Gut: Zeit. Und ihre Enkelkinder danken es ihnen – die überwältigende Mehrheit aller Kinder fühlt sich zu ihren Großeltern hingezogen und verbringt gerne Zeit mit ihnen.

2.3.2 Kindertagesbetreuung

Laut statistischem Bundesamt (Statistisches Bundesamt 2014) besuchen 93 % der Kinder im Alter von drei bis fünf Jahren eine Kindertagesbetreuung. Das sind fast zwei Millionen Kinder in Deutschland. Diese Zahlen sind seit dem Jahr 2006 konstant. Von den unter-dreijährigen Kindern befinden sich zum Stichtag am 1. März 2014 660.750 Kinder in einer Kindertagesbetreuung, das sind deutlich mehr als doppelt so viele wie noch 2006 (damals: 253.884). Der Eintritt in eine Kindertagesbetreuung ist somit für nahezu alle Kinder im Alter von drei bis sechs Jahren ein fester Bestandteil ihrer Kindheit.

Einfluss der Kita auf die Entwicklung

Obschon die oben genannten Zahlen deutlich machen, dass eine überwältigende Mehrheit von Eltern ihre Kinder außerhalb der Familie betreuen lässt und gerade auch im U3-Bereich die Betreuungsquoten zunehmen, so werden speziell in Deutschland auch immer wieder Zweifel gesät, ob die institutionelle Betreuung von Kindern gut für deren Entwicklung ist. Da das Thema von Befürwortern wie auch von Gegnern frühkindlicher Betreuung äußerst emotional diskutiert wird, ist es umso wichtiger, wissenschaftlich fundierte Studien heranzuziehen. Dies geschieht in der wichtigen Stellungnahme „Frühkindliche Sozialisation“ der Nationalen Akademie der Wissenschaften Leopoldina, der Union der deutschen Akademien der Wissenschaften und der Deutschen Akademie der Technikwissenschaften acatech (Leopoldina Nationale Akademie der Wissenschaften 2014). Basierend auf Forschung in den Bereichen Psychologie, Soziologie, Biologie und Ökonomie zeigen die AutorInnen auf, dass besonders in der Vorschulzeit Weichen für den gesamten Lebensweg gestellt werden. Eine angemessene Betreuung und Förderung in der Kindergartenzeit ist die beste Grundlage für eine erfolgreiche Entwicklung.

Für die positiven Effekte frühkindlicher Bildung ist besonders die pädagogische Qualität von entscheidender Bedeutung. Diese spiegelt sich vor allem in der Qualität der Anregungen wider, die ein Kind in der Tagesbetreuung erfährt. Aber auch die Rahmenbedingungen sind entscheidend und es konnten positive Effekte von kleineren Gruppen, einem höheren Ausbildungsniveau der ErzieherInnen und günstigeren Erzieher-Kind-Verhältnissen beobachtet werden.

Bislang gibt es keine vergleichbare Studie für Deutschland, aber in Norwegen konnte gezeigt werden, dass eine Reform des frühkindlichen Betreuungssystems in den 1970er Jahren, die zu einer vermehrten Nutzung von institutionellen Betreuungseinrichtungen geführt hatte, bei den damals fremdbetreuten Kindern im Erwachsenenalter zu einer verbesserten Schulausbildung und mehr Erfolg auf dem Arbeitsmarkt führte. Besonders profitierten Kinder von Müttern mit niedrigem Bildungsstatus (Havnes / Mogstad 2011).

Die positiven Auswirkungen frühkindlicher Bildung und Betreuung lassen sich somit wissenschaftlich belegen.

Eingewöhnung

Das „Berliner Eingewöhnungsmodell“ (Laewen et al. 2003) basiert auf der Bindungstheorie von Bowlby und Ainsworth und hat zum Ziel, den / die ErzieherIn als sichere Basis für das Kind zu etablieren (Abb. 1). Ändert sich die Betreuungssituation für das Kind und damit auch die Bezugsperson, so ist es wichtig, dass eine sichere Bezugsperson diesen Übergang begleitet – beim Eintritt in die Kindertagesstätte ist daher das Engagement der Eltern zentral (Laewen et al. 2006). Es ist bedeutend, zu verstehen, dass die sichere Bindung zu dem / der ErzieherIn die Bindung zu den Eltern nicht ablöst oder ihr schadet, sondern diese ergänzt. Kinder sind durchaus in der Lage, mehrere sichere Bindungen aufzubauen.

erste Freundschaften

Spätestens mit dem Eintritt in die Kindertagesbetreuung begegnen Kinder Gleichaltrigen. Gleichaltrige können einen bedeutsamen Effekt auf die Entwicklung eines Kindes haben. Sicherlich mit drei bis vier Jahren, vielleicht auch schon früher, sind Kinder in der Lage, Freundschaften mit Gleichaltrigen zu schließen. In diesen Freundschaften sind sich die Kinder vor allem Spielpartner. Zunächst sind das spontane und kurzfristige Beziehungen, in denen es um das gemeinsame Spiel geht oder darum, sich einen Vorteil zu sichern („Kann ich auch ein Gummibärchen [haben], ich bin doch deine

<table>
<tr><td colspan="2">1. Aufnahmegespräch: Im Aufnahmegespräch lernen sich Eltern und ErzieherIn kennen und planen gemeinsam die Eingewöhnung des Kindes in die Kindertageseinrichtung.</td></tr>
<tr><td colspan="2">2. Dreitägige Grundphase: In den ersten drei Tagen kommen das Kind und die Mutter oder der Vater gemeinsam in die Kita, es wird kein Trennungsversuch unternommen. Mutter oder Vater fungieren als sichere Basis, von der aus das Kind die neue Umgebung explorieren kann. Die ErzieherInnen nehmen vorsichtig Kontakt auf.</td></tr>
<tr><td colspan="2">3. Erster Trennungsversuch und vorläufige Entscheidung über die Dauer der Eingewöhnungsphase: Am vierten Tag kommt das Kind in die Einrichtung und nach einer kurzen Begrüßungszeit verabschiedet sich Mutter oder Vater. Sie bleiben in der Nähe und kehren nach ca. 30 Minuten zu ihrem Kind zurück.</td></tr>
<tr><td>Variante 1: Das Kind bleibt ruhig oder lässt sich schnell trösten und beginnt zu spielen. → kürzere Eingewöhnungszeit</td><td>Variante 2: Das Kind weint, protestiert und lässt sich nicht gut trösten oder fängt spontan wieder zu weinen an. → längere Eingewöhnungszeit</td></tr>
<tr><td>4. Stabilisierungsphase:
Kürzere Eingewöhnungszeit: Die Trennungszeit wird langsam ausgedehnt.</td><td>Längere Eingewöhnungszeit: Zunächst wird eine Stabilisierung der Beziehung zu dem Erzieher / der Erzieherin angestrebt und frühestens am siebten Tag ein erneuter Trennungsversuch gestartet. Je nach Reaktion kann dann die Trennungszeit langsam ausgedehnt werden oder es findet eine noch längere Eingewöhnungszeit statt (zwei bis drei Wochen)</td></tr>
<tr><td colspan="2">5. Schlussphase: Die Eingewöhnungsphase ist erfolgreich beendet, wenn sich das Kind nach der Trennung von Mutter oder Vater schnell trösten lässt und grundsätzlich froh und unbeschwert spielt. Mutter und Vater sind dann nicht mehr in der Einrichtung, aber natürlich jederzeit erreichbar.</td></tr>
</table>

Abb. 1: Das Berliner-Eingewöhnungsmodell

Freundin!"). Die Entwicklung von Freundschaften und die Entwicklung des sozialen Spiels sind eng miteinander verknüpft. Wir widmen uns dem Spielen deshalb ausführlich in Kapitel 4.5.3. Wenn Kinder die Erfahrung gemacht haben, dass sie mit einem bestimmten Spielpartner besonders gut spielen können, versuchen sie, die Freundschaft über längere Zeit aufrecht zu erhalten. Vorschulkinder können sich zum gemeinsamen Spielen verabreden, sie treffen sich dann regelmäßig auch außerhalb der Kita. Aus der Spielpartnerschaft wird eine Freundschaft im engeren Sinne, in der sich die Kinder auch in schwierigen Situationen helfen und sich gegenseitig trösten.

Kinder im Alter von drei bis sechs Jahren können ihre „besten Freunde" angeben und die Interaktion zu ihren Freunden unterscheidet sich deutlich von der Interaktion zu nichtbefreundeten Kindern: Sie zeigen mehr kooperatives Verhalten. Konflikte kommen zwischen Freunden und Nichtfreunden gleich oft vor. Im Laufe der Vorschulzeit schaffen es Freunde aber besser als Nichtfreunde, diese Konflikte mit einem Kompromiss zu lösen. Beste Freunde sind sich nicht nur Spielpartner, Helfer und Tröster – ihre Beziehung bedeutet für sie jeweils auch eine Stärkung der eigenen Person. Gemeinsam fühlen sie sich stärker und durchsetzungsfähiger, und sie sind bereit, in dieser Freundschaft auch Opfer zu bringen. KindergartenfreundInnen teilen nicht nur Süßigkeiten miteinander, sondern auch mal das liebste Spielzeug und sie sind bereit, die Wünsche und Bedürfnisse ihres Freundes oder ihrer Freundin über die eigenen zu stellen.

Freundschaften im Vorschulalter sind somit echte Freundschaften, die – wenn es die Umstände zulassen – ein Leben lang weitergeführt werden können. Kommt es allerdings zu einem Bruch der Freundschaft, z. B. durch einen Umzug, so finden Kinder im Vorschulalter auch schnell neue Freunde und trauern ihren alten Freunden nicht notwendigerweise nach (aber auch das gibt es).

2.3.3 Fazit: Das Kind im sozialen Kontext

Die Familie spielt die Schlüsselrolle in der Entwicklung des Kindes, doch (spätestens) im Alter von drei bis vier Jahren gewinnt die Kindertagesbetreuung bzw. der Kindergarten an Bedeutung. Hier lernt das Kind zum ersten Mal eine direkte Betreuungsperson außerhalb der Familie kennen und knüpft erste Freundschaften mit anderen Kindern.

Ahnert, L. (2010): Wieviel Mutter braucht ein Kind? Bindung – Bildung – Betreuung: öffentlich und privat. Spektrum Akademischer Verlag, Heidelberg

1 Wie verhält sich ein sicher gebundenes Kind?

2 Beschreiben Sie den autoritativen Erziehungsstil

3 Wie verläuft die Eingewöhnung in die Kindertagesbetreuung nach dem Berliner Modell?

2.4 Grundlagen der Gehirnentwicklung

Das Vorschulalter ist geprägt durch viele Veränderungen im sozialen Umfeld der Kinder und damit in ihrem Erleben unserer Welt. All unser Wahrnehmen, Denken, Fühlen und Erleben basiert auf unserem Gehirn. Doch unser Gehirn wandelt sich – es verändert und entwickelt sich ein Leben lang. Ein Verständnis der kindlichen Gehirnentwicklung ist deshalb hilfreich, um nachzuvollziehen, wie Kinder wahrnehmen, denken, fühlen und erleben.

2.4.1 Aufbau des Gehirns

Das Gehirn des Menschen ist ein komplexes System aus mehr als einer Billion Zellen und mehr als drei Billiarden Verschaltungen dieser Zellen. Der Aufbau des Gehirns ist bei allen Wirbeltieren weitestgehend gleich – ob Vogel, Frosch, Krokodil oder Mensch. Im Folgenden lernen wir zuerst die Bausteine des Gehirns und die Organisation der Großhirnrinde kennen. Wir erfahren dann, wie man die kindliche Gehirnentwicklung experimentell untersuchen kann. Der Schwerpunkt dieses Kapitels liegt auf der Erläuterung der kindlichen Gehirnentwicklung von der Befruchtung bis zur Einschulung mit einem besonderen Fokus auf dem Vorschulalter.

die Bausteine des Gehirns

Die zwei wichtigsten Bausteine des Gehirns sind die Nervenzellen (Neurone) und die Gliazellen. Nervenzellen dienen der Informationsverarbeitung und -weiterleitung. Es gibt viele Arten von Nervenzellen, ihr Aufbau und ihre Funktionsweise ist aber immer gleich.

Aufbau einer Nervenzelle

Nervenzellen bestehen aus einem Zellkörper, auch Soma genannt, einem Axon und Dendriten (Abb. 2A). Der Zellkörper beinhaltet den Zellkern und dieser wiederum die genetische Information. Das Axon ist ein langer Zellfortsatz der Nervenzelle, der die Information zu einer anderen Nervenzelle transportiert. An seinem Ende verzweigt er sich oft in kleinere Endstücke, an denen wiederum Synapsen liegen, mit denen das Signal an die nächste Nervenzelle weitergeleitet wird. Die Aufnahme von Informationen erfolgt an den Dendriten der Nervenzelle. Nervenzellen haben meist viele Dendriten, aber nur ein einzelnes Axon: Sie können daher viele Informationen aufnehmen, aber nur eine Information weitergeben.

Funktionen der Gliazellen

Gliazellen haben viele Funktionen. Unter anderem dienen sie der Immunabwehr des Gehirns, versorgen die Nervenzellen mit Nährstoffen und bilden eine Isolierschicht – die Myelinscheide – um Axone von Nervenzel-

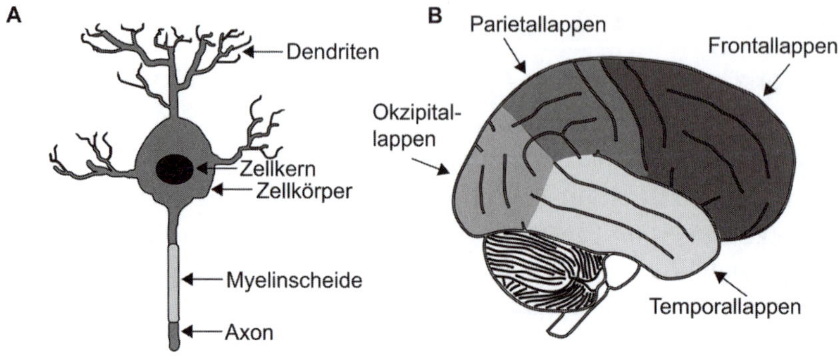

Abb. 2 A und B: Aufbau einer Nervenzelle und die vier Hirnlappen

len (Abb. 2A). Durch die Myelinscheide kann das elektrische Signal der Nervenzelle schneller an andere Zellen weitergeleitet werden.

graue und weiße Substanz

Im Zusammenhang mit der Entwicklung des Gehirns spielt die Entwicklung der „grauen Substanz" und der „weißen Substanz" eine wichtige Rolle: Als graue Substanz bezeichnet man die Teile des Gehirns, die hauptsächlich aus Zellkörpern bestehen. Die weiße Substanz umfasst die Teile, die sich überwiegend aus Axonen zusammensetzen. Die Farbe weiß beruht auf der Myelinscheide der Axone, die aus Fett besteht – und Fett ist bekanntlich weiß.

Aufbau des Cortex

Das Gehirn wird in drei Hauptbereiche unterteilt: Rautenhirn, Mittelhirn und Vorderhirn (Jarvis et al. 2005). Zum Vorderhirn gehört die Hirnrinde oder auch der Cortex. Wahrnehmen, Denken, Fühlen und Erleben passiert im Cortex. Der menschliche Cortex bedeckt eine Fläche von 2.400 cm^2 – dies entspricht etwa acht DIN A4 Blättern nebeneinander. Der Cortex ist gefaltet, seine Berge nennt man Gyri (Einzahl: Gyrus), seine Täler Sulci (Einzahl: Sulcus). Man unterscheidet vier Hirnlappen (Abb. 2B), denen man folgende Funktionen grob zuordnen kann: Der Okzipitalcortex enthält das primäre Sehzentrum, der Temporalcortex das Hörzentrum, der Parietalcortex verarbeitet Informationen, die unsere Haut aufnimmt (Somatosensorik) und der Frontalcortex ermöglicht uns das Denken und Handeln, z. B. steuert er über den Motorcortex unseren Körper. Neben diesen grundlegenden Funktionen gibt es eine Vielzahl weiterer und die neurowissenschaftliche Forschung ist anhaltend damit beschäftigt, herauszufinden, welche Funktionen hauptsächlich in welchen Cortexregionen verarbeitet werden.

2.4.2 Methoden der Entwicklungsneuropsychologie

Die Entwicklungsneuropsychologie verwendet eine Vielzahl von experimentellen Methoden, um die menschliche Gehirnentwicklung besser zu verstehen und nachvollziehen zu können. Drei wichtige methodische Ansätze wollen wir hier kennenlernen.

Neuropsychologie

NeuropsychologInnen untersuchen Verhaltensänderungen von Personen nach Hirnschädigungen, um so auf den Zusammenhang von Funktion und Gehirn schließen zu können. Hirnschädigungen können durch einen Unfall oder eine Krankheit bedingt, aber auch angeboren sein. So lassen die Einschränkungen von Kindern mit Hirnschädigungen (z. B. zerebraler Kinderlähmung) auf den Ursprungsort der Schädigung im Gehirn schließen und umgekehrt. Hirnschädigungen in der frühen Kindheit sind anders als Hirnschädigungen im Erwachsenenalter: Einerseits ist das kindliche Gehirn mehr als das Gehirn eines Erwachsenen in der Lage, sich zu regenerieren. Andererseits haben früh erworbene Hirnschädigungen einen Einfluss auf das gesamte Leben danach.

Schütteltrauma

Wenn Eltern oder andere Bezugspersonen das ihnen anvertraute Baby oder Kleinkind heftig schütteln, erleidet dies ein Schütteltrauma (im Englischen „Shaken Baby Syndrome"): Schwerste Hirnschädigungen, die zum Tod führen können (in 20–25 % der Fälle). Durch die ruckartigen Bewegungen des Kopfes werden Hirnblutungen ausgelöst, die von außen meist nicht zu sehen sind, was die Diagnose lange erschwerte. Kinder, die das Schütteltrauma überleben, zeigen Einschränkungen in der visuellen Wahrnehmung bis hin zu Blindheit, ihrer Motorik bis hin zu Lähmungen, ihrer Hör- und Sprachfähigkeiten und sind allgemein kognitiv sehr beeinträchtigt. Auch wenn Babys eher Opfer werden, so gibt es auch Fälle im Kindesalter (Mierisch et al. 2004). Um Kinder vor dem Schütteltrauma zu bewahren, ist eine konsequente Aufklärung der Eltern und Bezugspersonen wichtig.

EEG/EKP

Die Gehirnaktivität kann direkt von der Kopfhaut durch das Elektroenzephalogramm (EEG) gemessen werden. Bei diesem nichtinvasiven Verfahren werden Messelektroden auf die Kopfhaut aufgelegt und Spannungsschwankungen aufgezeichnet, die durch die elektrische Aktivität der

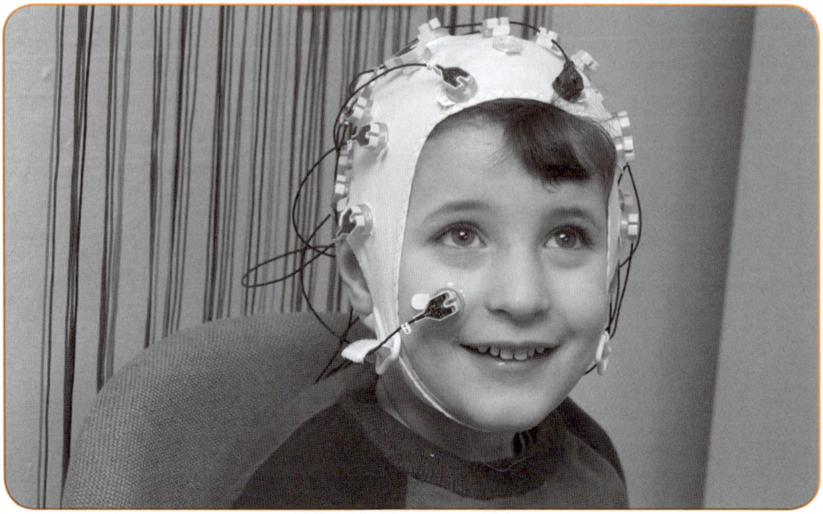

Abb. 3: Das Elektroenzephalogramm

Nervenzellen ausgelöst werden (Abb. 3). Am EEG lassen sich veränderte Hirnströme bei Epilepsie ablesen und erste Hinweise zum Entstehungsort des epileptischen Anfalls sammeln.

Um den Zusammenhang von Reizverarbeitung und Gehirnaktivität experimentell untersuchen zu können, verwenden EntwicklungsforscherInnen Ereigniskorrelierte Potentiale (EKPs) (Hoehl / Wahl 2012): Veränderungen der Gehirnaktivität im EEG, die als Reaktion auf Reizdarbietungen geschehen. Wenn zum Beispiel ein visueller Reiz – das Bild eines Gesichts – auf einem Bildschirm präsentiert wird, kann man an Elektroden, die über dem Okzipitalcortex liegen, eine charakteristische Wellenform ablesen. Veränderungen dieser Wellenformen über das Alter hinweg geben Aufschluss über Entwicklungsprozesse des Gehirns.

Hirnbildgebung

Ein Bild des lebenden, aktiven Gehirns bietet die strukturelle und funktionelle Magnetresonanztomographie (MRT, bzw. fMRT). Durch ein starkes Magnetfeld können magnetische Eigenschaften der unterschiedlichen Gehirngewebe sichtbar gemacht werden: So unterscheiden sich zum Beispiel graue und weiße Substanz hinsichtlich ihrer magnetischen Eigenschaften und man kann sie auf einer MRT-Aufnahme gut erkennen (Abb. 4). Die fMRT misst magnetische Eigenschaften des Blutflusses. Mit dieser Methode können Forscher bestimmen, in welchen Gehirnregionen Nervenzellen gerade besonders aktiv sind. Mittels Magnetresonanztomographie lässt sich also sowohl die Anatomie des Gehirns darstellen als auch die Gehirnaktivität.

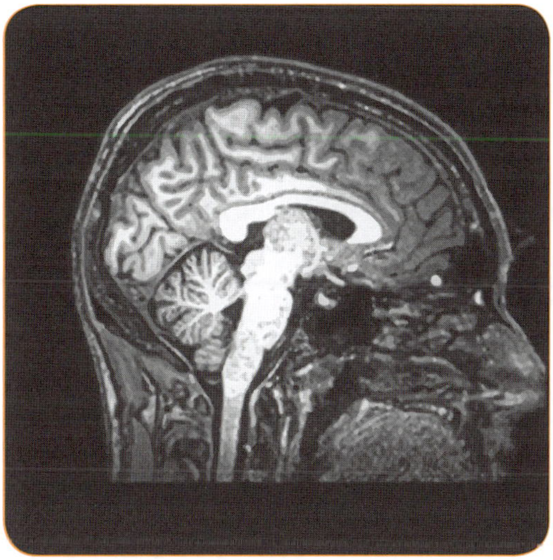

Abb. 4: Die strukturelle und funktionelle Magnetresonanztomographie

Ida, fünf Jahre alt, ist aufgeregt, denn heute nimmt sie an einer fMRT-Studie an der Universität teil. Die Forscher wollen herausfinden, ob ihr kindliches Gehirn Gesichter so gut unterscheiden kann, wie das Gehirn ihrer Eltern. Ida hat zusammen mit ihren Eltern ein Heft über den Ablauf der Untersuchung gelesen: Sie weiß, dass sie ganz ruhig liegen bleiben muss, während der Scanner bzw. die „Gehirnkamera" ihre Bilder macht, sonst sind diese verwackelt. An der Universität angekommen, werden Ida und ihre Eltern von den Forschern begrüßt. Die Forschungsleiterin erklärt Ida und ihren Eltern nochmal ganz genau, wie die Untersuchung ablaufen wird und dass Ida jederzeit aufhören kann, wenn sie keine Lust mehr hat mitzumachen.

Danach schauen sich alle den Trainingsscanner an. Der Trainingsscanner sieht so ähnlich aus wie ein richtiger Magnetresonanzscanner, hat aber kein Magnetfeld. So lernt Ida das Scannen spielerisch kennen: Sie klettert in die Röhre hinein, um zu sehen, wie es sich anfühlt, dort drin zu liegen. Dann darf sie ihr mitgebrachtes Kuscheltier im Trainingsscanner „untersuchen" – die Forscher gehen dabei mit Ida alle Schritte der Untersuchung genau so durch, wie sie später auch „in echt" ablaufen. Im Anschluss übt Ida mit den Forschern einen Untersuchungsdurchlauf. Weil der Scanner während der Messung laute Geräusche macht, bekommt Ida Ohrstöpsel. Außerdem darf sie alle Geräusche des Scanners vorher hören. Nach dem Trainingsscanner geht es in den „richtigen" Scanner. Eine Forscherin steht dabei während der Messung direkt am Scanner, so dass Ida immer eine Ansprechpartnerin hat. Wenn die Messung vorbei ist, darf sich Ida ihr Gehirn auf dem Computerbildschirm anschauen und bekommt einen Ausdruck mit nach Hause. Ein Video zum Ablauf einer fMRT-Untersuchung finden Sie hier: (Raschle et al. 2009).

2.4.3 Das Gehirn von der Geburt bis zur Einschulung

das Gehirn Neugeborener

Das Gehirn eines Neugeborenen sieht aus wie die kleine Version eines Erwachsenengehirns: Die drei Hauptbestandteile (Rautenhirn, Mittelhirn, Vorderhirn) sind ausgebildet, der Cortex mit Gyri und Sulci gefaltet. Bei der Geburt enthält das Gehirn des Neugeborenen etwa genauso viele Nervenzellen wie das seiner Eltern – sie sind aber untereinander noch nicht so gut vernetzt. Durch die Interaktion mit der Umwelt wird die weitere Gehirnentwicklung maßgeblich beeinflusst: Was der Säugling erlebt und erfährt, hinterlässt Spuren in seinem Gehirn.

Verbindungen entstehen und vergehen

Eines der Grundprinzipien der Gehirnentwicklung ist, dass sich die Verbindungen der Nervenzellen bilden und stärken (Andersen 2003). Dieser Verbindungsaufbau ist die Grundlage des Lernens. Verbindungen zwischen Nervenzellen beruhen – wie wir im Abschnitt „Bausteine des Gehirns" gelernt haben – auf Axonen, Dendriten und den Synapsen, die sie verbinden.

Ein Prozess, der sich bis ins junge Erwachsenenalter zieht und einen wichtigen Aspekt der gesunden Gehirnentwicklung darstellt, ist die Myelinisierung der Axone. Das reine Wachstum der Axone beginnt noch in der Gebärmutter und setzt sich bis zu einem Alter von zwei Jahren fort. Ab der Geburt werden einige Axone von Gliazellen umhüllt – die so entstehende Myelinscheide isoliert das Axon und führt zu einer deutlich sichereren und schnelleren Signalübertragung. Dieser Entwicklungsprozess dauert bis in das Erwachsenenalter an. Die dadurch schnellere Verarbeitungsgeschwindigkeit mit fortschreitendem Alter lässt sich im Verhalten durch schnellere Reaktionszeiten messen, wie auch durch kürzere Antwortzeiten im EEG. Mittels neuroanatomischer Untersuchungen oder hirnbildgebender Verfahren kann man die ansteigende Myelinisierung am Zuwachs der weißen gegenüber der grauen Substanz festmachen.

Im letzten Schwangerschaftsdrittel beginnt die Entstehung der Synapsen, die Synaptogenese. Auch wenn das gesamte Leben über neue Synapsen gebildet werden können, so kommt es in der Kindheit zu einer Art Explosion in der Synaptogenese bis hin zu einem Überschuss an Synapsen, die dann im Laufe der weiteren Entwicklung wieder abgebaut werden. Die Entstehung der Synapsen vollzieht sich aber nicht in allen Gehirnregionen gleichzeitig: Während die höchste Anzahl von Synapsen im visuellen Cortex im Alter von sechs Monaten erreicht wird, ist sie im präfrontalen Cortex erst im Alter von dreieinhalb bis vier Jahren vorhanden (Huttenlocher / Dabholkar 1997). Entsprechend entwickeln sich komplexe kognitive Funktionen des präfrontalen Cortex später als grundlegende visuelle Funktionen.

Vorschulkinder befinden sich damit in einem äußerst spannenden Zeitfenster der Gehirnentwicklung, das hauptsächlich durch die Eliminierung zuvor gebildeter Synapsen charakterisiert werden kann. Dieser Prozess vollzieht sich bis ins Erwachsenenalter: Synapsen, die nur wenig «gebraucht» werden, werden wieder abgebaut, was zu einer insgesamt effizienteren Signalverarbeitung führt. Man kann sich das vorstellen wie bei Wegen: Solche die häufig befahren werden, werden zu Autobahnen ausgebaut, solche, die wenig benutzt werden, bleiben kleine Trampelpfade oder verschwinden über die Zeit ganz.

Welche Synapsen zurückgebildet und welche gestärkt werden, ist abhängig davon, was die Kinder in dieser Zeit erleben und lernen. Ein Kind, welches im Vorschulalter mit dem Erlernen eines Musikinstruments beginnt, stärkt zum Beispiel Verbindungen zwischen dem motorischen Cortex (der die Beherrschung des Instruments bestimmt) und dem auditorischen Cortex (für die Wahrnehmung von Tönen und Melodien). Verbindungen, die den Kindern das Erlernen aller Sprachen dieser Welt ermöglichen würden, werden zurückgebildet, sobald sich das Erlernen auf eine Sprache konzentriert.

Während die weiße Substanz mit fortschreitendem Alter linear ansteigt, folgt die Entwicklung der grauen Substanz der Form eines umgekehrten „U“: Bis zum Alter von acht bis neun Jahren steigt das Volumen der grauen Substanz an, danach fällt es wieder ab und stabilisiert sich im Alter von etwa 30 Jahren. Diese Veränderungen sind hauptsächlich auf Veränderungen der corticalen Oberfläche und Dicke zurückzuführen, die wiederum von der Art und Anzahl der Neurone und Synapsen abhängt.

von alt zu neu, von einfach zu komplex, von hinten nach vorne

Das Zusammenspiel der Entwicklung von weißer und grauer Substanz vollzieht sich in verschiedenen Teilen des Gehirns zu unterschiedlichen Zeitpunkten. Drei Regeln kann man sich hinsichtlich dieser lokal spezifischen Hirnentwicklung merken: 1. Evolutionär „alte“ Gehirnregionen reifen eher als neue Gehirnregionen. So reift der Hippocampus, eine evolutionär alte Struktur, die für das Gedächtnis und die Orientierung im Raum wichtig ist vor dem präfrontalen Cortex, einer Struktur, die sich in der Evolution der Primaten noch stark verändert hat. 2. Primär sensorische und motorische Areale reifen vor den „höheren“ Verarbeitungsarealen. Das heißt, es entwickeln sich zunächst die Regionen, die Sinnesreize auf einer basalen Stufe verarbeiten (z. B. Tonhöhe und Lautstärke einzelner Geräusche) und dann die Regionen, die diese Reize zu komplexen Signalen integrieren (z. B. Sprachlaute). 3. Die Reifung des Gehirns vollzieht sich grob betrachtet von hinten nach vorne: Der Okzipitalcortex reift zuerst, der Präfrontalcortex zuletzt (Gogtay et al. 2004).

das Gehirn von Vorschulkindern

Das Vorschulalter von vier bis sechs Jahren ist gekennzeichnet durch eine bemerkenswerte kognitive Entwicklung. Dieser Entwicklung liegen ebenso intensive Veränderungen des Gehirns zugrunde. Vor allem in den höher geordneten Hirnregionen wie zum Beispiel dem Präfrontalcortex und Bereichen im Temporallappen passiert nun sehr viel. Zwei Entwicklungsprinzipien lassen sich unterscheiden: Einerseits scheint es so zu sein, dass im Vorschulalter noch mehr Hirnregionen an der Verarbeitung eines Reizes beteiligt sind als beim Erwachsenen. Es findet also eine Verschiebung von dezentralisierten hin zu einer zentralisierten Verarbeitung statt. Andererseits vergrößern sich bestimmte Kernregionen, zum Beispiel Hirnregionen im Temporallappen, die mit der Verarbeitung von Gesichtern befasst sind (Golarai et al. 2007).

2.4.4 Fazit: Grundlagen der Gehirnentwicklung

Zusammenfassend können wir also sagen, dass das Gehirn von Vorschulkindern zwar aussieht, wie eine kleine Version eines Erwachsenengehirns, es aber noch mitten in einem komplexen Reifungsprozess steckt. Dieser Reifungsprozess beinhaltet die Differenzierung von Nervenzellen und vor allem den Auf- und Abbau von Nervenzellverbindungen. Die Entwicklung des Gehirns vollzieht sich dabei nicht im gesamten Gehirn gleich, sondern ist regional unterschiedlich und spiegelt damit die Entwicklung in den unterschiedlichen kognitiven Funktionen wider.

Aamodt, S., Wang, S. (2012): Welcome to your Child's Brain: Die Entwicklung des kindlichen Gehirns von der Zeugung bis zum Reifezeugnis. C.H. Beck, München

1 Was sind die Grundprinzipien der Gehirnentwicklung?

2 Wie unterscheidet sich das Gehirn von Vorschulkindern vom erwachsenen Gehirn?

3 Entwicklung von Identität und Persönlichkeit

In diesem Kapitel beschäftigen wir uns mit der Entwicklung von Identität und Persönlichkeit in der Kindheit. Bei den Begriffen Identität und Persönlichkeit denkt man vielleicht zunächst an etwas Statisches, das mehr oder weniger unveränderlich ist. Tatsächlich gibt es bemerkenswerte Zusammenhänge zwischen frühen Temperamentsmerkmalen und späteren Persönlichkeitseigenschaften, die zum Teil auf genetische Faktoren zurückzuführen sind. Gerade in Bezug auf Selbstkonzept und Selbstwert finden jedoch wichtige Entwicklungsschritte im Kindergartenalter statt. Dazu gehört auch die Entwicklung der Geschlechtsidentität, der wir uns im zweiten Abschnitt des Kapitels widmen.

3.1 Temperament und Persönlichkeit

Temperament und Persönlichkeit sind in hohem Maße sowohl von genetischen Faktoren als auch von den Erfahrungen des Einzelnen in der gegebenen Umwelt abhängig. Wir werden uns zunächst mit der Stabilität von Temperaments- und Persönlichkeitsunterschieden beschäftigen und dann Veränderungen im Selbstkonzept und Selbstwert in der Vorschulzeit betrachten.

Als **Temperament** bezeichnet man interindividuell unterschiedliche Ausprägungen in grundlegenden psychologischen Funktionen, die hauptsächlich Affekt-, Aufmerksamkeits- und Aktivitätslevel umfassen. Das individuelle Temperament bestimmt maßgeblich die Reaktionen einer Person auf Reize aus der Umgebung, die sich bereits im Säuglingsalter stark unterscheiden können.

Persönlichkeit umfasst neben dem Temperament auch Fähigkeiten, Neigungen, Gewohnheiten und Werte. Persönlichkeitseigenschaften bestimmen überdauernde Verhaltensmuster, die sich in verschiedenen Situationen wiederholt in ähnlicher Form zeigen und daher eine ökonomischere Beschreibung der Person erlauben als die Aufzählung von einzelnen, beobachteten Verhaltensweisen selbst.

3.1.1 Interindividuelle Unterschiede im Temperament und in Persönlichkeitseigenschaften

Temperament

Schon Säuglinge unterscheiden sich zum Teil stark in ihren Reaktionen auf Reize aus der Umwelt (Kagan 1997). Jerome Kagan von der Harvard University zeichnete bei 462 Säuglingen auf, wie sie im Alter von vier Monaten auf bunte Spielzeuge, Sprachreize und Gerüche reagieren. Etwa 20 % der Babys wurden als leicht erregbar eingestuft, weil sie auf die Testreize motorisch aktiv und gestresst reagierten, z. B. indem sie anfingen zu weinen. Ca. 40 % der Babys wurden dagegen als wenig erregbar eingestuft Der Rest der Kinder lag dazwischen. Wie stabil sind diese Unterschiede und was verraten Sie über die spätere Persönlichkeitsentwicklung?

Um diese Fragen zu beantworten, wurden die gleichen Kinder über mehrere Jahre hinweg wiederholt untersucht. Mit 14 und 21 Monaten stellte sich ein Drittel der sehr leicht erregbaren Säuglinge als ängstlich und gehemmt heraus, aber nur 4 % der zuvor wenig erregbaren Säuglinge. Im Alter von viereinhalb Jahren wurden die Kinder dann von einer ihnen fremden Versuchsleiterin zu verschiedenen Themen befragt. Kinder, die schon als Säuglinge auf fremde Reize mit erhöhtem Stress reagiert hatten, sprachen und lächelten in dieser Situation deutlich seltener im Vergleich zu jenen, die schon als Babys entspannt auf Neues reagiert hatten. Wie in einer weiteren Studie herausgefunden wurde, zeigen sich im Jugendalter bei früh als leicht erregbar und gehemmt eingestuften Kindern, häufiger als bei anderen, Symptome einer sozialen Phobie, also einer krankhaften Angst vor sozialer Ablehnung und kritischer Beurteilung durch andere Menschen.

Es ist wichtig festzustellen, dass trotz dieser Befunde nicht bei allen Kindern eine hohe Stabilität in der Erregbarkeit bzw. Ängstlichkeit festgestellt wurde. Nur etwa ein Fünftel der leicht erregbaren Säuglinge wurde sowohl mit 14 als auch mit 21 Monaten als ängstlich eingeschätzt und hat zudem mit viereinhalb Jahren wenig mit der fremden Person gesprochen und selten gelächelt. Bemerkenswerterweise hat sich ein solch konsistentes Muster zurückhaltendenden Verhaltens allerdings bei keinem einzigen der wenig erregbaren Säuglinge später gezeigt. Zu einem gewissen Maß ist es also möglich, aus den Reaktionen im Säuglingsalter das spätere Verhalten der Kinder vorherzusagen.

Persönlichkeitseigenschaften

Bei Erwachsenen beschränken sich Persönlichkeitsbeschreibungen nicht auf das Temperament, sondern beziehen noch weitere Dimensionen mit ein. Am häufigsten wird das sogenannte Fünf-Faktoren-Modell zur Einschätzung der Persönlichkeit herangezogen (Costa / McCrae 1992).

Fünf-Faktoren-Modell der Persönlichkeit

In der Persönlichkeitspsychologie des Erwachsenenalters wird von fünf stabilen Persönlichkeitsdimensionen ausgegangen („Big Five“), die bei einzelnen Personen mehr oder weniger stark ausgeprägt sein können (Costa / McCrae 1992).

- **Extraversion:** gesellig, aktiv, hohes Ausmaß positiver Emotionen
- **Neurotizismus:** ängstlich, nervös, unsicher
- **Gewissenhaftigkeit:** hohes Maß an Selbstkontrolle und Genauigkeit, zuverlässig, überlegt
- **Verträglichkeit:** kooperativ, hilfsbereit, nachgiebig, empathisch
- **Offenheit für Erfahrungen:** fantasievoll, kreativ, wissbegierig, experimentierfreudig

Anhand von Studien mit ein- und zweieiigen Zwillingen wurde gezeigt, dass interindividuelle Unterschiede in diesen Dimensionen etwa zur Hälfte auf genetische Unterschiede zurückgehen und zur Hälfte auf Umweltfaktoren, d. h. auf unterschiedliche Erfahrungen (Jang et al. 1996). Das Vorhandensein genetischer Einflussfaktoren lässt vermuten, dass auch diese Persönlichkeitseigenschaften über die Entwicklung hinweg stabil sein könnten.

Und tatsächlich wurde in einer Studie mit fast eintausend TeilnehmerInnen in Neuseeland gezeigt, dass Verhaltensweisen im Alter von drei Jahren mit Persönlichkeitseigenschaften in Zusammenhang stehen, die im

Alter von 26 Jahren, also ganze 23 Jahre später, erfasst wurden (Caspi et al. 2003).

Kinder, die mit drei Jahren als besonders selbstsicher eingeschätzt wurden, erreichten als Erwachsene die höchsten Werte auf der Dimension Extraversion. Kinder, die als gehemmt und ängstlich eingeschätzt wurden, erhielten später die niedrigsten Extraversionswerte. Wer als Kind wenig Selbstkontrolle gezeigt hat, also impulsiv war und nicht lange stillsitzen konnte, war mit 26 Jahren relativ wenig gewissenhaft und verträglich und hatte höhere Werte auf der Dimension Neurotizismus. Selbstsichere und gut angepasste Kinder hatten als Erwachsene höhere Werte auf der Dimension Offenheit für Erfahrungen als Kinder, die in der Testsituation mit drei Jahren problematisches Verhalten gezeigt hatten, also beispielsweise wenig kontrolliert waren oder sehr ängstlich reagierten. Alle diese Zusammenhänge zwischen Verhaltensweisen im Kleinkindalter und Persönlichkeitseigenschaften im Erwachsenenalter waren nur relativ schwach bis mäßig ausgeprägt. Dennoch sind die Ergebnisse dieser Studie bemerkenswert, wenn man bedenkt, dass mehr als zwei Jahrzehnte zwischen den beiden Messzeitpunkten lagen.

die Stabilität von Persönlichkeitseigenschaften

Wie ist es möglich, dass sich Temperamentsmerkmale im Säuglingsalter noch auf das Verhalten in der Kindheit und Jugend auswirken und dass Verhaltensweisen im Kleinkindalter mit Persönlichkeitseigenschaften im Erwachsenenalter zusammenhängen? Zum einen können genetische Faktoren dazu beitragen, dass Personen im Verlauf ihrer Entwicklung immer ähnlich auf bestimmte Situationen (z. B. neue, unbekannte Reize) reagieren. So ist denkbar, dass bestimmte Gehirnstrukturen aufgrund genetischer Prädispositionen bei verschiedenen Menschen unterschiedlich erregbar sind. Das wird beispielsweise für die Amygdala angenommen, zu deren Aufgaben es gehört, auf potentiell bedrohliche Reize zu reagieren (Kagan 1997).

Aber auch andere Wirkmechanismen sind möglich (Caspi / Shiner 2006). So führen temperamentsbedingte Verhaltensunterschiede bei Kindern zum anderen auch zu unterschiedlichen Reaktionen ihrer Mitmenschen.

Im Kindergarten beobachtet eine Erzieherin zwei Mädchen, **Alicia** und **Mara**, die neu in die Gruppe gekommen sind. Alicia wirkt sehr schüchtern und zurückgezogen. Sie bleibt die meiste Zeit allein in der Leseecke und beteiligt sich nur an Gruppenaktivitäten, wenn eine Erzieherin sie gezielt dazu aufmuntert. Mara dagegen tritt selbstbewusst auf und zögert nicht zu fragen, ob sie mitspielen kann, wenn andere Kinder bereits mit einem Spiel begonnen haben. Schon in den ersten Tagen spielt Mara viel mit anderen Kindern und kann sich gut in die Gruppe integrieren. Im Gegensatz zu Mara macht Alicia zunächst wenige positive Erfahrungen mit den anderen Kindern und geht kaum auf Einladungen zum Mitspielen ein. Die anderen Kinder in der Gruppe sprechen sie daher immer seltener an.

Das Beispiel verdeutlicht, dass ein ängstliches, zurückgezogenes Kind weniger Gelegenheit hat, positive Interaktionen mit anderen zu erleben als ein Kind, das offen und freundlich auf andere Menschen zugeht. Dadurch sammeln die Kinder auch sehr unterschiedliche Erfahrungen, wodurch bestehende Verhaltensunterschiede mit der Zeit noch größer werden können.

Das Temperament der Kinder bestimmt auch mit, wie sie Situationen und soziale Interaktionen interpretieren. So kann die Kontaktaufnahme durch eine fremde Person als positiv oder als bedrohlich empfunden werden. Je nachdem wie Kinder eine Situation einschätzen, werden sie diese in Zukunft eher meiden oder verstärkt suchen. Je älter Kinder werden, desto mehr sind sie in der Lage, ihre Umgebung und Kontakte gezielt zu wählen und können auch dadurch bestehende Verhaltensunterschiede verfestigen. Passend dazu wurde gezeigt, dass Persönlichkeitseigenschaften im Vorschulalter immer stabiler werden (Roberts / DelVecchio 2000).

3.1.2 Entwicklung von Selbstkonzept und Selbstwert

Selbstkonzept

Die Selbstbeschreibungen von Kindern sind in hohem Maße von ihren kognitiven und sprachlichen Fähigkeiten abhängig (Pinquart 2011). Im Kindergartenalter beschreiben sich Kinder vorwiegend anhand ihrer äußeren Erscheinung, ihrer Besitztümer und in Bezug auf konkrete, beobachtbare Fähigkeiten. Diese Attribute werden meist wenig kohärent aneinandergereiht.

Selbstbeschreibung von **Aaron** mit drei Jahren, zehn Monaten: „Ich bin manchmal böse und manchmal lieb. Ich spiele so gern mit der Feuerwehr und ich mag eine Ritterburg [haben], wenn ich älter bin. Ich kann so gut auf einem Bein stehen, ohne Festhalten! Und auch balancieren. Ich raufe so gern mit dem Papa. Ich trinke so gerne Salbeitee. Ich lese so gerne Bücher und ich spiele so gern mit meinen Rennautos."

Selbstbeschreibungen anhand vorwiegend beobachtbarer Merkmale, Fähigkeiten und Vorlieben werden dann in der mittleren und späteren Kindheit zunehmend durch abstraktere Beschreibungen ersetzt. Dies erfordert auf kognitiver Ebene die Fähigkeit zur Abstraktion. Das heißt, es müssen aus zahlreichen Situationen relevante Informationen über eigene Verhaltensweisen und Fähigkeiten extrahiert werden, um ein allgemeines Urteil zu bilden. In der Schulzeit wird ein zunehmend differenziertes Selbstbild entwickelt, das auch unterschiedliche Kontexte und soziale Vergleiche mit Gleichaltrigen berücksichtigt.

Selbstwert

Kleine Kinder verfügen häufig noch über einen überhöhten Selbstwert (Pinquart 2011). Sie können ihre Fähigkeiten in der Regel noch nicht realistisch einschätzen und neigen zu Übertreibungen und Wunschdenken. In der Schulzeit werden die Selbsteinschätzungen dann zunehmend realistischer und im Mittel sinkt der Selbstwert folglich bis zum Jugendalter hin deutlich ab. Allerdings gibt es auch hier bedeutsame interindividuelle Unterschiede. Während manche Jugendliche einen konsistent hohen oder niedrigen Selbstwert haben, steigt bzw. fällt der Selbstwert bei anderen in Abhängigkeit davon, wie erfolgreich sie altersgemäße Entwicklungsaufgaben lösen (z. B. in Bezug auf ihre Beziehungen zu Gleichaltrigen). Mit zunehmendem Alter steigt die Stabilität des Selbstwertes allgemein an.

3.1.3 Fazit: Temperament und Persönlichkeit

Temperamentsmerkmale gehören zu den ersten messbaren interindividuellen Persönlichkeitsunterschieden. Zwischen frühen Temperamentsausprägungen und Verhaltensweisen in der Kindheit und späteren Persönlichkeitseigenschaften gibt es über Jahrzehnte hinweg nachweisbare Zusammenhänge, die jedoch in der Regel schwach bis mäßig ausgeprägt sind. Die Stabilität von Persönlichkeitsmerkmalen im Laufe der Entwicklung geht zum Teil auf genetische Faktoren zurück, lässt sich aber auch durch Reaktionen von Mitmenschen auf das Verhalten von Personen in Abhängigkeit von deren Temperamentsausprägungen und deren Wahl einer „passenden“ Umgebung erklären. Selbstbeschreibungen werden im Vorschulalter mit zunehmenden sprachlichen und kognitiven Fähigkeiten immer abstrakter und differenzierter. Selbsteinschätzungen sind in der frühen Kindheit zunächst übermäßig positiv und werden bis zum Jugendalter immer realistischer.

Pinquart, M. (2011): Entwicklung der Persönlichkeit und des Selbstkonzepts. In: Pinquart, M., Schwarzer, G., Zimmermann, P. (Hrsg.): Entwicklungspsychologie – Kindes- und Jugendalter. Hogrefe, Göttingen, 244–266

1 Welche Dimensionen unterscheidet das Fünf-Faktoren-Modell der Persönlichkeit?

2 Wie können Zusammenhänge zwischen frühen Temperaments- und Verhaltensunterschieden und späteren Persönlichkeitseigenschaften erklärt werden?

3 Wie entwickeln sich Selbstkonzept und Selbstwert im Vorschulalter?

3.2 Identität und Geschlecht

Im Vorschulalter findet eine bedeutende Entwicklung der Geschlechtsidentität statt, der wir uns hier widmen. Wir beleuchten dabei die Entwicklung hin zu einem Verständnis der Geschlechtskonstanz sowie von Geschlechtsstereotypen in der Kindergartenzeit.

Während es in der deutschen Sprache nur den Begriff „Geschlecht“ gibt, unterscheidet man in der englischen Sprache zwischen „Sex“ und „Gender“. „Sex“ bezeichnet das biologisch determinierte Geschlecht, welches auch genetisches oder chromosomales Geschlecht genannt wird: Jungen tragen üblicherweise ein X und ein Y Geschlechtschromosom, wohingegen Mädchen über zwei X Geschlechtschromosomen verfügen. Jungen und Mädchen unterscheiden sich hinsichtlich ihrer primären (Geschlechtsteile) und sekundären (z. B. Schambehaarung) Geschlechtsmerkmale sowie hinsichtlich ihrer hormonellen Systeme. Mit „Gender“ oder auch dem kulturellen Geschlecht werden die geschlechtsspezifischen Merkmale beschrieben, die durch den Einfluss von Sozialisation und Kultur geprägt sind, so zum Beispiel die durch ein bestimmtes Rollenverständnis von Männern und Frauen vermittelten Erwartungen an das Verhalten. Wir verwenden hier das deutsche Wort „Geschlecht“ umfassend, auch um die enge Verknüpfung von biologischem und kulturellem Geschlecht deutlich zu machen.

3.2.1 Entwicklung der Geschlechtsidentität

Die Entwicklung der Geschlechtsidentität erfolgt nach Lawrence Kohlberg in drei Stadien: Zunächst müssen Kinder lernen, dass es so etwas wie Geschlecht überhaupt gibt und sie sich und andere Personen hinsichtlich des Geschlechts einordnen können (Geschlechtsidentifikation). Danach verfestigt sich das Wissen, dass das Geschlecht ein über die Zeit stabiler Zustand ist (Geschlechtsstabilität) und zuletzt, dass dieser Zustand üblicherweise so konstant ist, dass er sich nicht durch Veränderungen im Aussehen oder Verhalten variieren lässt (Geschlechtskonstanz).

Unter **Geschlechtskonstanz** verstehen wir die Erkenntnis, dass das Geschlecht ein unveränderliches Merkmal eines jeden Menschen ist, welches auch nicht durch Veränderungen im Aussehen oder Verhalten beeinflusst werden kann.

Das Verständnis der Geschlechtskonstanz erreichen Kinder meist vor dem Eintritt in die Schule. Die Vorschulzeit ist daher die Zeit, in der die Entwicklung der Geschlechtsidentität maßgeblich erfolgt.

was Babys über die Geschlechter wissen

Mit drei bis vier Monaten können Babys weibliche von männlichen Gesichtern unterscheiden. Sie haben außerdem eine Präferenz für weibliche Gesichter, d.h. sie schauen diese länger an als männliche Gesichter. Diese Präferenz rührt vermutlich daher, dass sie mehr Erfahrungen mit weiblichen Gesichtern, z.B. dem Gesicht der Mutter, Hebamme etc. haben (Quinn et al., 2002). Mit zweieinhalb bis drei Jahren sind Kinder in der Lage, die Frage „Bist Du ein Mädchen oder ein Junge?“ richtig zu beantworten und beginnen, sich als Mädchen oder Junge zu bezeichnen. In diesem Alter glauben die Kinder allerdings noch, dass sie und auch andere das Geschlecht wechseln könnten, z.B. als Erwachsene ein anderes Geschlecht haben könnten.

Geschlechtsstabilität

Mit drei bis vier Jahren zeigen Kinder Geschlechtsstabilität, d.h. das Verständnis, dass das Geschlecht über die Zeit stabil bleibt. Kinder verstehen also, dass sie Mädchen oder Junge sind und dies auch bleiben werden. Sie lassen sich allerdings in einer Situation noch durch Veränderungen im äußeren Erscheinungsbild und Verhalten davon beeinflussen, ob sie sich oder andere als Mädchen oder Jungen identifizieren.

Geschlechtskonstanz

Mit fünf bis sieben Jahren erreichen Kinder die finale Stufe des Geschlechtsverständnisses, die Geschlechtskonstanz. Sie verstehen nun, dass das Geschlecht ein zeitlich überdauerndes und unabänderliches Merkmal eines jeden Menschen ist, das auch nicht durch die Veränderung des Äußeren beeinflussbar ist.

Jan (zweieinhalb Jahre), **Erhan** (viereinhalb Jahre) und **Sebastian** (sieben Jahre) unterhalten sich:

Sebastian: „Bist du ein Mädchen oder ein Junge?"

Jan: „Junge."

Erhan: „Ich auch."

Jan: „Bald bin ich ein Mädchen."

Erhan: „Nein. Das geht nicht."

Jan: „Doch, geht wohl."

Erhan: „Nur, wenn du Mädchensachen anhast, dann."

Sebastian: „Nein, Jan, du bist ein Junge und du bleibst auch immer ein Junge. Wenn du Dich verkleidest, kannst du so tun, als wärst du ein Mädchen. Aber nur so tun. In echt bleibst du ein Junge."

Das Beispiel verdeutlicht, wie die dreistufige Entwicklung zur Geschlechtsidentifikation vollzogen wird.

Transsexualität

In der neusten, fünften Auflage des DSM (Diagnostic and Statistical Manual of Mental Disorders), ein Klassifikationssystem für psychiatrische Störungen, wurde die bislang beschriebene „Geschlechtsidentifikationsstörung" durch eine **„Geschlechtsdysphorie"** ersetzt. Deren Hauptsymptom ist die bedeutende und anhaltende Inkongruenz zwischen empfundenem Geschlecht und den primären/sekundären Geschlechtsmerkmalen. Personen mit diesem Störungsbild, die sich als **transsexuell bzw. transgender** bezeichnen, haben den starken Wunsch, das jeweils andere Geschlecht anzunehmen, sowohl was die äußeren Geschlechtsmerkmale angeht als auch die sozialen Aspekte. Die sexuelle Orientierung transsexueller Personen kann hetero-, homo- oder bisexuell sein.

Auch Kindergartenkinder können Phasen erleben, in denen sie sich vermehrt entsprechend des anderen Geschlechts kleiden und verhalten und vielleicht auch den Wunsch ausdrücken, lieber das andere Geschlecht zu haben. Doch erst wenn diese Verhaltensweisen und Wünsche in der mittleren bis späten Kindheit persistieren und das Kind sichtbar unter der empfundenen Abweichung im Geschlecht leidet, würde man die „Geschlechtsdysphorie" diagnostizieren.

Man könnte sich fragen, warum die „Geschlechtsdysphorie" überhaupt als psychiatrische Störung geführt wird und Transsexualität nicht als eine Form der Sexualität unter vielen. Der Hintergrund ist, dass durch die Definition als psychiatrische Störung das Leiden der betroffenen Personen deutlich gemacht werden kann und durch eine entsprechende Diagnose auch die Therapiemaßnahmen wie etwa die operative Anpassung der äußeren Geschlechtsmerkmale in Anspruch genommen werden können.

die sexuelle Orientierung der Eltern

Die sexuelle Orientierung der Eltern hat keinen Einfluss auf die Entwicklung der Geschlechtsidentität der Kinder. Töchter und Söhne homosexueller Eltern entwickeln sich emotional, sozial und sexuell genauso wie Kinder heterosexueller Eltern. Die sexuelle Orientierung der Eltern hat auch keinen Effekt auf das Maß an elterlicher Fähigkeit. Für die kindliche Entwicklung sind die Zufriedenheit der Eltern und die Qualität der Eltern-Kind-Beziehung entscheidend.

3.2.2 Geschlechtsschemata und -stereotype

Die Entwicklung der Geschlechtsidentität geht einher mit der Entwicklung von Wissen und Einstellungen über die Geschlechter, d. h. mit der Bildung von Geschlechtsschemata. Entsprechend verändern sich in der Kindergartenzeit auch die geschlechtstypischen Interessen und Verhaltensweisen.

Geschlechterschemata entwickeln sich

Schon zweijährige Kinder scheinen ein Wissen über typische Eigenschaften und Verhaltensweisen von Jungen und Mädchen zu besitzen. Zumindest können sie geschlechtstypisches Spielzeug (Spielzeugautos, Puppen) „korrekt" zuordnen. Während der Kindergartenzeit lernen Kinder immer mehr über die Geschlechter und formen so Geschlechterschemata, die alle Informationen zu den Geschlechtern, die das Kind bereits gelernt hat, beinhalten. Kinder lernen dabei nicht nur tatsächlich vorhandene Unterschiede zwischen den Geschlechtern (z. B. Frauen können Babys stillen, Männer können Fläschchen geben), sondern auch die durch ihre jeweilige Kultur geprägten Geschlechtsstereotype (z. B. um kleine Babys kümmern sich meist die Mütter, nicht so sehr die Väter).

Unter **Geschlechterschemata** versteht man alle Überzeugungen, Einstellungen, Erinnerungen und Begrifflichkeiten über Geschlechter einschließlich der Geschlechterstereotype.

Geschlechterstereotype beschreiben das Wissen über „typische" Merkmale und Verhaltensweisen der Geschlechter, die sozial bzw. kulturell geprägt und somit erlernt sind.

Ida (drei Jahre) sitzt auf dem Schoß ihrer Erzieherin. Diese singt und schaukelt das Kind dabei: „So reiten die Damen, so reiten die Damen" (Die Erzieherin wiegt Ida sanft hin und her), „so reiten die Herren, so reiten die Herren" (Ida wird auf- und abgehopst), „so hoppelt und ruckelt der Traktor über das Feld" (Ida wird durchgerüttelt).

Das Beispiel zeigt, dass Kinder auf verschiedene Arten und Weisen Wissen über Geschlechter erwerben können. Das meiste Wissen über Geschlechter wird nicht direkt durch angeleitetes Lernen erworben, sondern indirekt durch die Beobachtung anderer Menschen, durch Bücher, Lieder und Fernsehen.

Geschlechterschemata und Geschlechterstereotype haben Einfluss auf die kindliche Wahrnehmung und kognitiven Fähigkeiten. So erinnern sich fünf- bis sechsjährige Kinder besser an Bilder von Kindern, die geschlechtstypische Handlungen vollziehen (z. B. Junge spielt mit einem Bagger), als an Bilder, die Kinder bei geschlechtsuntypischen Handlungen zeigen (z. B. Mädchen beim Holzhacken). Außerdem machen dieselben Kinder Fehler gemäß der Geschlechterstereotype, d. h. sie meinen zum Beispiel, einen Jungen beim Holzhacken gesehen zu haben (Martin / Halverson, 1983).

In gleichem Maße beeinflussen Geschlechterschemata und Geschlechterstereotype auch die Einstellungen und Handlungen von Kindern. Wenn Kindern neutrales Spielzeug gezeigt wird, dieses aber entweder als „speziell für Mädchen gemacht" oder „speziell für Jungen gemacht" vorgestellt wird, so bevorzugen sie das „geschlechtstypische" Spielzeug und sind auch der Überzeugung, dass dies auch andere Mitglieder ihres Geschlechts bevorzugen würden (Martin et al. 1995).

Veränderbarkeit von Geschlechterschemata

Nur langsam vollzieht sich der Wandel hin zur Gleichstellung der Geschlechter in unserer Gesellschaft. Deshalb kann man sich die Frage stellen, ob man durch Erziehung aktiv Geschlechterschemata beeinflussen kann. Bei Grundschulkindern konnte gezeigt werden, dass diese in der Lage sind, zu lernen, dass für den Beruf einer Person deren Interessen und Fähigkeiten entscheidend sind und nicht ihr Geschlecht. Kinder zeigen dann, nach Absolvierung eines entsprechenden Trainingsprogramms, in dem sie lernten, dass Personen verschiedene Interessen und Rollen haben können, weniger deutliche Geschlechtsstereotype als vorher (Bigler / Liben 1992).

Geschlechterneutrale Erziehung – geht das?

In der privaten Schule „Egalia" in Schweden versucht man, eine geschlechtsneutrale Erziehung umzusetzen. Die Kinder werden nicht als „Mädchen" oder „Junge" adressiert, sondern als „Freunde", auch die Pronomina „sie" und „er" gibt es nicht, sondern es wurde das Kunstwort „hen" eingeführt, welches angelehnt ist an die schwedischen Wörter „hon" (sie) und „han" (er). Spiel- und Lernmaterialien sind geschlechtsneutral bzw. es werden auch gezielt „Anti-Stereotype" aufgezeigt, also zum Beispiel eine Bauarbeiterin oder ein Kosmetiker. Den Kindern werden alle Formen von Familienkonstellationen vorgestellt und sie werden darin bestärkt, diese im Spiel umzusetzen, d.h. auch Vater-Vater-Kind zu spielen. Das Interesse von Eltern, ihre Kinder in die Egalia-Schule aufnehmen zu lassen, ist groß. Sie glauben, dass ihre Kinder durch das moderne Bildungskonzept zu Toleranz und Offenheit gegenüber allen Menschen erzogen werden. Doch es gibt auch kritische Stimmen, die meinen, dass die geschlechtsneutrale Erziehung die Kinder verwirre oder dem Geschlecht sogar mehr Bedeutung zugewiesen wird als üblich. Erst in der Zukunft, wenn die Egalia-Schüler erwachsen werden, wird sich zeigen, welchen Einfluss diese Erziehung auf sie hatte.

3.2.3 Fazit: Identität und Geschlecht

Die Kindergartenzeit ist die Zeit, in der sich die eigene Geschlechtsidentität entwickelt sowie das Wissen über die Geschlechter in Form von Geschlechterschemata und –stereotypen. Geschlechterschemata und -stereotype unterliegen in starkem Maße den Einflüssen der Umwelt.

Siegler, R., DeLoache, J., Eisenberg, N. (2011): Die Entwicklung der Geschlechter. In: Siegler, R., DeLoache, J., Eisenberg, N. (Hrsg.): Entwicklungspsychologie im Kindes- und Jugendalter. Spektrum Akademischer Verlag, Heidelberg, 577–617

1 Welche Stufen der Entwicklung der Geschlechtsidentität unterscheidet man?

2 Was versteht man unter Geschlechterschemata?

3 Wie entstehen Geschlechterstereotype?

4 Die Entwicklung verschiedener Funktionsbereiche

Wenn wir von der normalen Entwicklung sprechen, meinen wir damit, dass Kinder altersgemäße Entwicklungsschritte in verschiedenen Funktionsbereichen machen und folglich die Anforderungen der Umwelt an sie gut meistern können. In diesem Kapitel geht es zunächst um die grundlegende körperliche und motorische Entwicklung sowie die Entwicklung der Wahrnehmung. Danach widmen wir uns der kognitiven Entwicklung in den Bereichen Aufmerksamkeit, Gedächtnis und Denken. Weitere Abschnitte beschäftigen sich mit der Sprache sowie dem sozialen Denken und Handeln. Schließlich geht es um die emotionale Entwicklung und Kompetenzen in der Emotionsregulation. Kinder können Stärken und Schwächen in einzelnen dieser Bereiche unabhängig voneinander entwickeln. Es sollte aber deutlich werden, dass kein einzelner Funktionsbereich eine Vorrangstellung hat, sondern alle eine wichtige Rolle für die normale Entwicklung in der Kindheit spielen.

4.1 Körper und Motorik

Die körperliche und motorische Entwicklung von Kindern vollzieht sich quasi vor unseren Augen und es ist spannend, mitzuerleben, wie sich Kinder von ihrem eingeschränkten motorischen Repertoire als Neugeborene hin zu Bewegungsexperten entwickeln. Auch wenn die wichtigsten Meilensteine der motorischen Entwicklung

in den ersten Lebensjahren liegen, so gibt es auch in der Kindergartenzeit bedeutende körperliche und motorische Veränderungen, denen wir uns in diesem Abschnitt widmen.

4.1.1 Körperliche Entwicklung

Die körperliche Entwicklung des Menschen vollzieht sich nicht gleichmäßig. Besonders in den ersten beiden Lebensjahren und in der Pubertät kommt es zu Wachstumsschüben. Zwischen vier und sechs Jahren wachsen Kinder durchschnittlich um 15 cm von ca. 105 cm auf 120 cm – Mädchen sind minimal kleiner als Jungen.

Nicht alle Körperteile wachsen dabei gleichzeitig mit. Besonders im Alter von drei bis sechs Jahren kommt es zunehmend zur Veränderung der körperlichen Gestalt (Abb. 5): die Gliedmaßen wachsen überproportional, der Rumpf wird schlanker und der Bauch wird flacher. Kinder verlieren ihren „Babyspeck“ und wirken dadurch dünner und athletischer. Auch das Gesicht verändert sich. Zwar ist der Kopf immer noch überproportional groß im Verhältnis zum Körper, aber nicht mehr so sehr wie in der Kleinkindzeit. Die ersten Milchzähne fallen aus und bleibende Zähne wachsen nach.

Übergewicht im Kindergartenalter

Schätzungen aus dem Jahr 2008 gehen davon aus, dass 15 % der deutschen Kinder übergewichtig sind, 9 % der Kinder im Alter von drei bis sechs Jahren (Kurth / Schaffrath-Rosario 2007). Seit den 1980er und 1990er Jahren hat sich damit der Anteil übergewichtiger Kinder stark erhöht. Wie auch bei Erwachsenen führt Übergewicht bei Kindern zu starken gesundheitlichen Beeinträchtigungen, z. B. zu Bluthochdruck, Stoffwechselstörungen oder Diabetes, die wiederum Folgeerkrankungen mit sich ziehen. Es ist daher sehr wichtig, durch gesunde Ernährung und ausreichend Bewegung Übergewicht bei Kindern vorzubeugen und dem Kindergarten kommt dabei eine besondere Bedeutung zu.

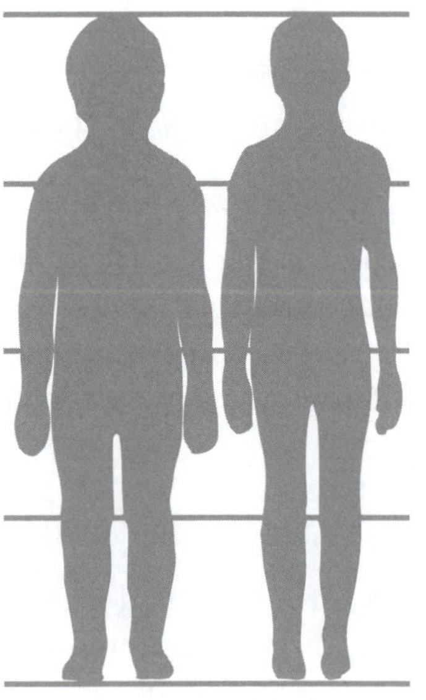

Abb. 5: Proportionen eines zweijährigen und eines sechsjährigen Jungen

„Prävention durch Aktivität im Kindergarten“

Das Programm, kurz „PAKT-Programm“, wurde von der Universitäts-Kinderklinik Würzburg entwickelt und beinhaltet eine mindestens dreißigminütige Bewegungseinheit mit motorischen Spielen pro Tag. Durch das Programm sollen Übergewicht und Unfällen aufgrund von Bewegungsmangel vorgebeugt werden. In einer ersten internen Evaluation des Programms konnte gezeigt werden, dass es zu gesteigerter Aktivität bei den Kindern und auch zu besseren motorischen Fähigkeiten führte. Erste Hinweise, wonach sich auch die Fettleibigkeit von adipösen Kindern durch das Programm reduzieren lässt, müssen noch weiter untersucht werden (Bundesministerium für Bildung und Forschung 2011).

Werden wir immer größer?

Es gibt eine große interindividuelle Variabilität in der Körpergröße, d.h. im gleichen Alter sind Kinder (und auch Erwachsene) unterschiedlich groß. Bemerkenswert ist jedoch, dass es sogenannte Jahrhunderttrends oder sekuläre Trends gibt. Dies sind deutliche Veränderungen der Körperentwicklung über die Generationen hinweg. Zwischen der Mitte des 19. Jahrhunderts und Mitte des 20. Jahrhunderts konnte ein Größenzuwachs bei Erwachsenen um zwei Zentimeter pro Dekade beobachtet werden. Seitdem sind die Werte aber leicht rückgängig und liegen aktuell bei etwas weniger als ein Zentimeter pro Dekade. Das heißt, ein heute in Deutschland lebender Erwachsener Mitte Dreißig ist im Mittel um drei Zentimeter größer als sein gleichgeschlechtlicher Großelternteil im selben Alter war. Diese Veränderungen in der Körpergröße sind vor allem auf die Verbesserung von Ernährungsbedingungen, vor allem die Qualität der Ernährung, und den allgemeinen Gesundheitszustand zurückzuführen. Da die Ernährungsbedingungen und der Gesundheitszustand zumindest in den westlichen Ländern nicht mehr in großem Maße zu verbessern ist, geht man davon aus, dass die Körpergrößenentwicklung nun ein Plateau erreicht hat (Gohlke / Wölfle 2009).

4.1.2 Motorische Entwicklung

Reifungsprozesse, Erfahrung und Übung müssen zusammenkommen, damit aus strampelnden Neugeborenen fahrradfahrende Fünfjährige werden. Die Entwicklung der Motorik ist somit ein Zusammenspiel verschiedener Faktoren: Die Entwicklung der motorischen Gehirnregionen, die Veränderung der Körperproportionen, ein Zuwachs an Körperkraft und -haltung, die Verbesserung von Balance und Wahrnehmungsfähigkeit, und auch motivationale Aspekte tragen alle zur Entwicklung der motorischen Fähigkeiten von Kindern bei. Dabei ist die motorische Entwicklung bis zur Pubertät für Mädchen und Jungen vergleichbar. Erst danach finden sich Unterschiede zwischen den Geschlechtern. Und auch wenn es große interindividuelle zeitliche Unterschiede gibt, wann bestimmte Meilensteine erreicht werden und auch in den Bewegungsformen, die Kinder wählen (z. B. verschiedene Krabbelstile), so kann man sagen, dass die motorische Entwicklung insgesamt eine ähnliche Abfolge der gleichen Schritte beinhaltet.

die Reflexe Neugeborener

Ein neugeborenes Baby verfügt über eingeschränkte motorische Fähigkeiten, aber über eine Vielzahl von Reflexen, die zum Teil überlebenswichtige Funktionen haben. Das Zusammenspiel von Suchreflex – bei Berührung der Wange wendet das Baby den Kopf zu der Berührung hin – und Saugreflex – eine Berührung des Babymundes, z. B. durch die Brustwarze, führt dazu, dass das Baby anfängt zu saugen – ermöglicht das Trinken. Reflexe werden automatisch ausgelöst und bestehen über einen bestimmten Zeitraum. Das Verschwinden der Reflexe kann einerseits wiederum auf Reifungsprozesse im Gehirn zurückgeführt werden, andererseits können auch andere Entwicklungsprozesse Reflexe beeinflussen: Zum Beispiel wird der Schreitreflex davon beeinflusst wie schwer die Beine des Babys sind (Thelen et al. 1984).

motorische Entwicklung im ersten Lebensjahr

Schon ab der Geburt zeigen Neugeborene Vorformen des Greifens und können strampeln. Hier skizzieren wir die Meilensteine der motorischen Entwicklung, wobei die Angaben der Monate, mit denen ein Kind den Meilenstein erreicht hat, Mittelwerte sind; manche Kinder entwickeln sich schneller, manche langsamer: Mit einem Monat bis anderthalb Monaten können Säuglinge in aufrechter Position den Kopf halten und in Bauchlage das Kinn anheben. Zwei- bis dreimonatige Säuglinge können in Bauchlage dann die Brust anheben. Ab dem dritten Monat können Säuglinge den Kopf halten, sich vom Rücken auf die Seite drehen und Dinge greifen. Zwischen dem vierten und fünften Monat beherrschen die meisten Säuglinge das Sitzen mit Stütze, ab dem siebten Monat das Sitzen ohne Stütze. Erste Fortbewegungen können ab der 36. Woche beobachtet werden: Die Babys können robben, dann kriechen, dann krabbeln und ab dem neunten Monat auch den Vierfüßlergang. Ab dem achten Monat ziehen sich Kinder an Gegenständen hoch und können ab dem elften Monat frei stehen. Ungefähr um den ersten Geburtstag lernen Kinder das freie Gehen.

motorische Entwicklung im Alter von eins bis drei

Im Kleinkindalter geht es vor allem um das Meistern des aufrechten Gangs und alle Vorteile, die die dann freien Hände mit sich bringen: Laufen, Klettern, Hüpfen und Werfen werden erlernt, geübt und stetig verbessert. Etwa mit zwei Jahren können Kinder Laufrad fahren und erhöhen damit ihren Bewegungsradius erheblich.

motorische Entwicklung im Kindergartenalter

Auch im Kindergartenalter finden noch Meilensteine in der motorischen Entwicklung statt: Vierjährige sollten nun freihändig auf einem Bein stehen, mit geschlossenen Beinen vorwärts hüpfen und freihändig beinwechselnd eine Treppe aufwärts gehen können. Auch das Fahrradfahren ohne Stützräder lernen Kinder meist im Alter von vier Jahren. Im Bereich der Feinmotorik können Kinder mit vier Jahren mit der Schere etwas ausschneiden und einen Kreis nach- und ausmalen. Besonders werden auch die feinmotorischen Handlungen in Bezug auf das Anziehen im Vorschulalter geübt und gemeistert: So lernen Kinder, Knöpfe zu öffnen und zu schließen und sich die Schuhe zu binden.

Auch wenn man oft hört, dass Fünfjährige über ähnliche motorische Fähigkeiten wie Erwachsene verfügen, gibt es doch auch weiterhin noch motorische Entwicklungsprozesse, die nur weniger deutlich sind und daher nicht so leicht auffallen. Zum Beispiel kann nicht mal die Hälfte aller Vierjährigen das Galoppieren, bei dem das führende Bein einen Normalschritt ausführt gefolgt von einem kürzeren Sprungschritt des anderen Beins. Erst mit sieben Jahren ist diese Fähigkeit voll ausgebildet (Clark / Whitall 1989). Ähnlich ist es mit dem Hüpfen auf einem Bein und dem „Skip“, einer Mischung aus Hüpfen und Galoppieren (Clark / Whitall 1989). Auch die Entwicklung der Haltungskontrolle ist erst im Alter von sieben bis zehn Jahren abgeschlossen. Erst dann können Kinder, die geschubst werden, ihr Gleichgewicht durch das Abknicken der Hüfte zurückerlangen, jüngere Kinder benötigen einen Ausfallschritt (Blischke 2010a). Nicht zuletzt verbessert sich auch die Zielbewegungskontrolle, die zum Beispiel bei Reich- und Zeigebewegungen wichtig ist, in der Kindergartenzeit und bis zum Alter von zehn Jahren (Blischke 2010b).

soziokulturelle Einflüsse auf die motorische Entwicklung

Betrachtet man Maßnahmen zur Bewegungsförderung, so kann man schlicht feststellen: Je mehr sich Kinder bewegen, desto besser sind ihre motorischen Leistungen. Demnach zeigen Kinder aus Waldkindergärten eine höhere motorische Leistungsfähigkeit als Kinder in normalen Kindergärten (Scholz / Krombholz 2007). Generell führen bessere Spielmöglichkeiten außerhalb des Hauses (z. B. Gärten, Spielplätze) zu besseren motorischen Leistungen bei Kindern (Zimmer 1981). Weniger eindeutig ist der Zusammenhang zwischen der Mitgliedschaft des Kindes im Sportverein oder der gemeinsamen Bewegungstätigkeit von Kindern und ihren Eltern und der motorischen Entwicklung des Kindes (Schwarz 2014).

In der großen Mehrzweckhalle des Kindergartens beobachtet der Erzieher Lars die beiden fünfjährigen Jungen, **Alex** und **Sebastian**, beim Ballspiel: Während Alex seinen Ball hoch wirft und sicher wieder fängt, scheint Sebastian seinen Ball nicht unter Kontrolle zu haben. Der Wurf ist nicht zielgerichtet und so gelingt ihm auch das Auffangen nicht. Als er hinter dem Ball herläuft, scheint er über seine eigenen Füße zu stolpern. Lars erinnert sich, dass Sebastian auch mit anderen Alltagsfertigkeiten wie zum Beispiel dem Schuhe binden Probleme hat. „Was für ein ungeschickter Junge", denkt er sich.

motorische Ungeschicklichkeit

Bei allen Kindern lassen sich im Laufe der Entwicklung motorische Missgeschicke beobachten. Fehler gehören selbstverständlich zum motorischen Lernen dazu. Einige Kinder zeigen jedoch motorische Defizite in vielen Bereichen und über einen längeren Zeitraum. Ihre Einschränkungen in motorischen Bereichen sind so umfassend, dass sie oftmals vom Spiel ausgeschlossen werden und sich auch aufgrund von Hänseleien sozial zurückziehen. Diese Kinder erhalten dann die Diagnose „Motorische Ungeschicklichkeit" (Schott 2010). Die zugrundeliegenden Entwicklungsstörungen, die zur motorischen Ungeschicklichkeit führen, sind noch wenig bekannt. Fest steht aber, dass Kinder mit dieser Diagnose wenig Interesse an motorischen Aktivitäten zeigen, dann auch weniger motorisch aktiv sind und es so auch nicht zu einer Verbesserung motorischer Fertigkeiten kommen kann. Motorisch ungeschickte Kinder haben oftmals auch Lernschwierigkeiten und Störungen der Aufmerksamkeit, sie haben Schwierigkeiten im sozialen Umfeld und meist einen geringen Selbstwert (Dewey et al. 2002). Aufgrund dieses Zusammenhangs von motorischen Fertigkeiten und kognitiven wie sozialen Kompetenzen, ist es daher wichtig, dass Kinder mit motorischer Ungeschicklichkeit früh erkannt werden und angemessen therapeutisch begleitet werden. Eine effektive Therapie besteht darin, mit den Kindern Fertigkeiten und motorische Aufgaben wie zum Beispiel das Schuhe binden oder Werfen zu üben. So können die motorischen Defizite gemildert werden. Darüber hinaus hilft eine Diagnose den Kindern, ihren Eltern und dem Umfeld sehr, zu erkennen, dass eine motorische Störung vorliegt und sich das Kind nicht aufgrund von Faulheit oder Willensschwäche ungeschickt anstellt.

4.1.3 Fazit: Körper und Motorik

Auch wenn bedeutende Meilensteine der motorischen Entwicklung in den ersten beiden Lebensjahren liegen, so entwickeln sich auch Kindergartenkinder in Bezug auf ihre motorischen Fähigkeiten noch weiter: Bekannte Bewegungsmuster wie Laufen und Werfen werden verfeinert und neue motorische Fähigkeiten wie z. B. das Galoppieren kommen hinzu. Parallel zur motorischen Entwicklung finden auch entsprechende Veränderungen des Körpers statt, die kindliche Gestalt wird schlanker und athletischer. Bewegungsprogramme, die im Kindergarten durchgeführt werden, können helfen, Übergewicht bei Kindern zu reduzieren. Auch motorisch ungeschickten Kindern sollte frühzeitig geholfen werden, da diese Störung sonst langfristige Folgen für die psychische Gesundheit des Kindes haben kann.

Schwarz, R. (2014): Frühe Bewegungserziehung. Ernst Reinhardt Verlag, München

1. Was könnte dazu führen, dass Kinder immer dicker werden?
2. Welche motorischen Fähigkeiten entwickeln sich im Vorschulalter?
3. Wie können Sie einem motorisch ungeschickten Kind helfen?

4.2 Wahrnehmung

Wie nehmen Kinder die Welt wahr? Obschon Kinder zum Zeitpunkt der Geburt mit allen Sinnen Erfahrungen sammeln können, entwickeln sich ihre Sinnessysteme auch während der Kindheit noch erheblich weiter und bestimmen so die kindliche Wahrnehmung.

Was nehmen wir wahr?

Mit dem Begriff „Wahrnehmung“ bezeichnen wir den Prozess der Informationsaufnahme aus der Umwelt wie auch das Ergebnis dieser Aufnahme. Wahrnehmen geschieht durch eine Abfolge von Ereignissen: der Stimulation aus der Umwelt folgt die entsprechende Erregung von Sinnesrezeptoren, die Informationen an das Gehirn weiterleiten, wo schließlich der Wahrnehmungseindruck im Zusammenspiel von aktuellen Sinneseindrücken und gespeicherten Erfahrungen entsteht. Aufgrund der unterschiedlichen Sinnesrezeptoren unterscheiden wir klassischerweise fünf Sinnessysteme: das visuelle (Sehen), das auditorische (Hören), das olfaktorische (Riechen), das gustatorische (Schmecken) und das somatosensorische (Fühlen).

Das visuelle System beruht auf den Rezeptoren in der Netzhaut unserer Augen, die auf Licht unterschiedlicher Wellenlänge reagieren. In der Verarbeitung visueller Signale, die vor allem im Okzipitalcortex, aber auch im Temporal- und im Parietalcortex stattfindet, entsteht unser buntes, dynamisches Bild der Welt.

Die Sinnesrezeptoren des auditorischen Systems liegen im Innenohr und werden Haarzellen genannt. Sie werden nicht direkt durch Schallwellen erregt, sondern indirekt dadurch, dass die Schallwellen die Basilarmembran, auf der die Haarzellen liegen, in Schwingung versetzt. Die Signale werden im auditorischen Cortex, der im Temporallappen liegt, weiterverarbeitet und generieren unser kontinuierliches Hörerlebnis.

Geruchs- und Geschmackssinn sind eng miteinander verwoben und werden als «chemische» Sinne bezeichnet. Gerüche wahrnehmen kann der Mensch über Riechrezeptoren, die sich an der Decke der Nasenhöhle befinden. Die Signale werden direkt an den darüber liegenden Riechkolben im Gehirn weitergeleitet und von dort zum olfaktorischen Cortex sowie dem orbitofrontalen Cortex im Frontallappen. Geschmack wird über Geschmacksrezeptoren auf der Zunge aufgenommen, weitergeleitet und in zwei Arealen des Frontallappens – der Insel und dem frontalen Operculum – verarbeitet. Es ist übrigens keineswegs so, dass bestimmte Teile der Zunge für bestimmte Geschmäcker «zuständig» sind: Man kann alle Geschmäcker gleichmäßig verteilt über die ganze Zunge schmecken, wobei der Zungenrand mehr Rezeptoren trägt als die Zungenmitte.

Das somatosensorische System verfügt über viele verschiedene Rezeptoren in der Haut, die unterschiedliche Wahrnehmungsprozesse vermitteln: die taktile Wahrnehmung, die alle Einwirkungen auf die Haut abbildet, die Temperatur- und die Schmerzwahrnehmung. Die Informationen werden von den Rezeptoren über das Rückenmark an den somatosensorischen Cortex im Scheitellappen geleitet und dort verarbeitet.

Im Folgenden widmen wir uns allen diesen Wahrnehmungsaspekten und schauen, welche Veränderungen sie im Vorschulalter durchlaufen. Wir beschäftigen uns dabei etwas intensiver mit dem für uns Menschen äußerst wichtigen Sehsinn, behandeln aber auch das Hören, Riechen, Schmecken und Fühlen und nicht zuletzt die kindliche Wahrnehmung von Zeit und Hunger.

4.2.1 Wie Kinder die Welt sehen

Was sehen Vorschulkinder?

Neugeborene sehen die Welt nicht andersherum, wie manche glauben, aber ihre Wahrnehmung ist definitiv anders als die von uns Erwachsenen. Viele visuelle Funktionen entwickeln sich noch bis weit in die Kindheit und bestimmen so die kindliche Wahrnehmung. Erst im Alter von sechs Jahren erreichen Kinder die Kontrastempfindlichkeit von Erwachsenen; die Sehschärfe von Erwachsenen haben Kinder erst im Alter von 12 Jahren. Auch die Wahrnehmung von Geschwindigkeit – zentral für richtiges Verhalten im Straßenverkehr – folgt einer langen Entwicklungskurve: Erst im Alter von elf Jahren können Kinder schnelle Geschwindigkeiten so gut wie Erwachsene einschätzen; die Einschätzung von langsamen Geschwindigkeiten zieht sich sogar bis ins Erwachsenenalter hin (Manning et al. 2012). Ihre veränderte visuelle Wahrnehmung ist aber nicht immer zum Nachteil der Kinder: Zum Beispiel fügen Sechsjährige bestimmte Tiefeninformationen noch nicht zusammen, sie können damit schneller auf die einzelnen Informationen reagieren. Erwachsene dagegen integrieren verschiedene Aspekte der Tiefenwahrnehmung, ihre Wahrnehmung ist dann zwar langsamer, aber auch genauer (Nardini et al. 2010).

Sind Neugeborene Synästheten?

In den letzten Jahren verbreitete sich die Auffassung, dass die Wahrnehmung von Neugeborenen synästhetisch sei, d.h. dass ihre Wahrnehmung über die einzelnen Sinneskanäle nicht getrennt voneinander, sondern gekoppelt sei und so zu einer Vermischung der Sinne führe und dass erst in der späteren Entwicklung eine Trennung der Sinneseindrücke vollzogen würde. Es ist unbestritten, dass es erwachsene Synästheten gibt; bei diesen rufen zum Beispiel Buchstaben gleichzeitig Farbeindrücke hervor oder Töne visuelle Muster. Auch wenn die Theorie, dass der Mensch als Synästhet geborenen wird, schnell an Attraktivität gewonnen hat, gibt es keine empirische Evidenz für diese Hypothese – es ist vielmehr so, dass Neugeborene die Informationen aus den einzelnen Sinneskanälen erst durch Lernen miteinander verbinden und integrieren (Deroy/Spence 2013).

Gesichter wahrnehmen

Schon Neugeborene zeigen eine Präferenz für gesichtsähnliche Reize: Sie betrachten Gesichter oder Reize, die Gesichtern ähnlich sehen, länger als andere Reize. Doch sie können Gesichter noch nicht so gut unterscheiden und erinnern wie Erwachsene dies können. Besonders das Gesichtergedächtnis ist längst nicht ausgereift. So konnte gezeigt werden, dass sich Erwachsene in einer Aufgabe zum Gesichtergedächtnis an neun von zehn Gesichter erinnern können – fünfjährige Kinder dagegen erinnern sich nur an fünf (Weigelt et al. 2014). Diese Befunde bedeuten nicht, dass sich Fünfjährige gar keine Gesichter merken können, sie brauchen dafür aber vermutlich länger und müssen die Gesichter häufiger sehen, um sich an sie gut erinnern zu können.

Sehen und Gesehen werden

Wer schon einmal mit Vorschulkindern Verstecken gespielt hat, weiß, dass manche von ihnen im Alter von zwei bis vier Jahren einen ganz besonderen „Trick“ anwenden, um sich zu verstecken: Sie halten sich die Augen zu. Schon in den 1980er Jahren und in einer kürzlich erschienen Studie (Russell et al. 2012) untersuchte man dieses erstaunliche und niedliche Verhalten und konnte herausfinden, dass Kinder der Meinung sind, dass sie als Person nicht sichtbar sind, wenn ihre Augen nicht sichtbar sind. Die Kinder glauben auch, dass eine andere Person nicht sichtbar ist, wenn diese ihre Augen verdeckt. Dabei geht es wirklich um die Sichtbarkeit der Augen und nicht darum, dass die Kinder selbst nicht sehen können, wenn ihre Augen verdeckt sind. Interessanterweise glauben Kinder auch, dass sie unsichtbar sind, wenn sie nur ihren Blick abwenden! Dieses Ergebnis zeigt, wie eng verknüpft die visuelle Wahrnehmung mit höheren kognitiven Funktionen wie der Selbstwahrnehmung und der sozialen Kognition ist.

4.2.2 Hören, Riechen, Schmecken, Fühlen

Hören

Schon vor der Geburt beginnt der Fötus zu hören. Zum Zeitpunkt der Geburt ist sein auditorisches System so weit ausgereift, dass er komplexe Geräusche unterscheiden kann und eine Präferenz für die Stimme seiner Mutter entwickelt hat. Die Hauptentwicklungsaufgabe des auditorischen Systems liegt darin, aus der Vielzahl von akustischen Signalen, die konstant auf die Ohren treffen, Muster zu extrahieren: Zum Beispiel umschriebene Geräusche und vor allem Sprache. Ähnlich wie das visuelle System entwickelt sich auch das auditorische System in den ersten Lebensjahren rapide, besonders in den Zeiten der intensiven Sprachentwicklung. Manche auditorischen Funktionen reifen aber auch im Vorschulalter (und danach) noch weiter: So zum Beispiel die zeitliche Auflösung, mit der Unterbrechungen in Tönen gehört werden können. Die Leistung von Erwachsenen liegt bei zehn Millisekunden und wird erst im Alter von zehn Jahren erreicht (Irwin et al. 1985).

Riechen und Schmecken

Das olfaktorische und das gustatorische System sind zum Zeitpunkt der Geburt voll ausgereift. Schon zu Beginn des dritten Trimesters sind beide Systeme so weit entwickelt, dass Föten das sie umgebende Fruchtwasser schmecken können. Neugeborene zeigen eine Präferenz für Süßes und den Geschmack „Umami“ (jap. „schmackhaft“) von eiweißhaltigen Nahrungsmitteln sowie eine Abneigung gegenüber Saurem und Bitterem: Man vermutet, dass sie so kalorien- und proteinreiche Ernährung bevorzugen und sich vor giftiger Nahrung schützen. Generell haben frühe Geschmackserlebnisse einen großen Einfluss auf die spätere Entwicklung: Säuglinge, die geschmacklich variable Milch bekommen (Muttermilch oder verschiedene Muttterersatzmilch), zeigen noch in der späteren Kindheit eine höhere Toleranz gegenüber neuen Geschmäckern. Generell gibt es einen hohen Zusammenhang zwischen der Geschmackspräferenz mit zwei bis drei Jahren und der in der späten Kindheit, Jugend und im Erwachsenenalter. Wichtig für die Geschmacksbildung von älteren Kindern ist, dass diese wiederholt die Gelegenheit bekommen, Verschiedenes zu probieren. Es konnte gezeigt werden, dass Kinder 6–15 mal einen neuen Geschmack probieren mussten, bis dieser akzeptiert wurde (Ventura / Worobey 2013).

Fühlen und Schmerzen wahrnehmen

Alle Hautrezeptoren sind zum Zeitpunkt der Geburt vollständig funktionsfähig und kleine Kinder lieben es zu fühlen. Und doch entwickelt sich auch das somatosensorische System, wie die anderen Systeme auch, nach den ersten Lebensjahren noch stetig weiter. Bedeutsam für die Vorschulzeit ist dabei eine deutliche Steigerung der haptischen Objektwahrnehmung: Mit geschlossenen Augen sind Vierjährige viel besser als Dreijährige in der Lage, Gegenstände allein mit ihren Händen zu „erkennen“. Auch ihre Fähigkeit, unterschiedliche Oberflächenbeschaffenheiten zu differenzieren, nimmt zu.

Was die Schmerzwahrnehmung angeht, so herrschte erschreckenderweise bis weit in die 1980er Jahre die Überzeugung, dass Säuglinge, wenn überhaupt, nur über rudimentäre Schmerzwahrnehmung verfügen; oft wurden Operationen daher nur mit minimaler Anästhesie durchgeführt (auch weil man glaubte, die Kleinen durch die Anästhetika eher noch zu schädigen). Neuere Studien zeigen, dass auch sehr früh geborene Kinder Schmerzen empfinden (Fabrizi et al. 2011). Generell zeigen Kinder sogar eine erniedrigte Schmerzschwelle im Vergleich zu Erwachsenen, d. h. sie empfinden Schmerzen eher als Erwachsene. Im Laufe der Entwicklung lässt die Schmerzsensitivität dann nach.

4.2.3 Zeit und Hunger

Zeit

Vorschulkinder haben eine deutlich bessere Wahrnehmung von Zeit als Kleinkinder. Kinder im Alter von vier Jahren benutzen zeitliche Begriffe wie „gestern" und „morgen" korrekt, während Zwei- und Dreijährige dies noch nicht können. Mit vier Jahren sind Kinder in der Lage, Zeitdauern miteinander zu vergleichen: Sie können zum Beispiel die Zeiten miteinander vergleichen, die unterschiedlich gefüllte Sanduhren brauchen, um leer zu laufen (Bischof-Koehler 2000).

Hunger

Aktuelle Diskussionen über den Anstieg von Fettleibigkeit bei Kindern und besonders bei Kindern im Vorschulalter werfen die Frage auf, ob Kinder in diesem Lebensabschnitt Hunger und Sättigung anders wahrnehmen als jüngere Kinder. In der Tat ist es so, dass sich ab einem Alter von drei bis vier Jahren die Wahrnehmung von Essen ändert: Essen dient nicht allein dem Sattmachen, sondern Kinder fangen an, die sozialen, kulturellen und allgemeinen Umgebungsaspekte des gemeinsamen Essens zu begreifen. So konnte gezeigt werden, dass Kinder mit fünf Jahren mehr aßen, je größer die Portion war, die sie dargeboten bekamen – Kinder mit drei Jahren aßen gleichgroße Mengen (Rolls et al. 2000). Es ist daher wichtig, sich bewusst zu werden, dass das Essverhalten von Kindern im Vorschulalter anders ist als das kleinerer Kinder und dass die Art und Weise, wie Essen angeboten wird, einen Einfluss auf das Essverhalten und seine Steuerung und damit schließlich auch auf potentielle Fettleibigkeit bei Kindern hat.

4.2.4 Fazit: Wahrnehmung

Auch im Vorschulalter entwickeln sich die Sinnessysteme weiter und verändern unsere Wahrnehmung. Vier- bis sechsjährige Kinder sehen die Welt anders als Erwachsene, ihre Sehschärfe sowie ihre Wahrnehmung von Geschwindigkeit und Tiefeninformation ist noch nicht voll ausgebildet. Auch die soziale Wahrnehmung, z. B. von Gesichtern verfeinert sich im Laufe der Kindheit. Außerdem verbessert sich die auditorische Wahrnehmung im Vorschulalter und nicht zuletzt entwickeln Kinder im Alter von vier bis sechs Jahren ein genaueres Verständnis für Zeit.

Siegler, R., DeLoache, J., Eisenberg, N. (2011): Wahrnehmung. In: Siegler, R., DeLoache, J., Eisenberg, N. (Hrsg.): Entwicklungspsychologie im Kindes- und Jugendalter. Spektrum Akademischer Verlag, Heidelberg

1 Welche Sinne unterscheidet man?

2 Wie unterscheidet sich die visuelle Wahrnehmung von Vorschulkindern von der von Erwachsenen?

3 Wie unterscheiden sich die anderen Sinneswahrnehmungen von Vorschulkindern und Erwachsenen?

4.3 Aufmerksamkeit, Gedächtnis und Denken

In diesem Kapitel werden verschiedene Aspekte der kognitiven Entwicklung, also der Entwicklung des Denkens beschrieben. Wir beginnen diesen Überblick mit grundlegenden Funktionen von Aufmerksamkeitssteuerung und -kontrolle, bevor wir uns der Gedächtnisentwicklung widmen. Komplexe Fähigkeiten, wie die Entwicklung mathematischer Fähigkeiten, werden ebenfalls erläutert. Klassische entwicklungspsychologische Ansätze gehen von interessanten „Denkfehlern" in diesem Alter aus, die vor dem Hintergrund aktueller Forschung kritisch diskutiert werden.

4.3.1 Die Entwicklung von Aufmerksamkeit und Exekutivfunktionen

Aufmerksamkeit ist ein Zustand der selektiven Orientierung hin zu bestimmten Reizen oder Informationen unter Vernachlässigung anderer möglicher Reize oder Informationen. Aufmerksamkeit erlaubt eine gezielte Lenkung der Wahrnehmung, des Denkens und des Handelns.

Exekutivfunktionen erlauben die Planung, Überwachung und Anpassung zielgerichteter Handlungen. Zu diesen kognitiven Funktionen zählen die Aufmerksamkeitskontrolle, u.a. das Wechseln zwischen verschiedenen Aufgaben und Handlungsregeln, das Aktualisieren von Informationen, die mental präsent gehalten werden müssen, sowie die Hemmung von Handlungen, die nicht aufgabenrelevant oder regelkonform sind.

Aufmerksamkeit

Aufmerksamkeit erlaubt es uns, bestimmte Reize oder Informationen gezielt und bewusst zu verarbeiten. An Reize, denen wir Aufmerksamkeit geschenkt hatten, können wir uns später besser erinnern. Sie nehmen Raum in unseren Gedanken und Erinnerungen ein, während unbeachtete Reize meist gleich wieder vergessen werden.

Es gibt zwei Möglichkeiten, wie Reize aus der Umwelt unsere Aufmerksamkeit erlangen können. Zum einen kann ein Reiz besonders „salient" sein, also besonders hervorstechend. Ein unerwarteter lauter Knall in unserer Umgebung führt dazu, dass wir uns unwillkürlich der Geräuschquelle zuwenden, um zu sehen, was passiert ist. Auch wenn unser eigener Name genannt wird, nehmen wir das bevorzugt wahr. Es handelt sich in diesen Fällen um „bottom-up" gelenkte Aufmerksamkeit, also von „unten", dem Reiz, nach „oben", ins Gehirn. Umgekehrt kann unsere Aufmerksamkeit aber auch „top-down" gesteuert werden, wenn wir uns gezielt vornehmen, auf bestimmte Reize zu achten.

Bottom-up gelenkte Aufmerksamkeitsreaktionen, sogenannte Orientierungsreaktionen, gibt es bereits bei Säuglingen, die sich beispielsweise schon kurz nach der Geburt Geräuschquellen mit dem Gesicht zuwenden. Die top-down gesteuerte Aufmerksamkeit entwickelt sich dagegen stark in den ersten Lebensjahren und bis ins junge Erwachsenenalter (Posner / Rothbart 1998).

selektive Aufmerksamkeit

Top-down gesteuerte Aufmerksamkeit erfordert mehrere Teilfähigkeiten, darunter die selektive Orientierung hin zu bestimmten Reizen unter Vernachlässigung von ablenkenden Reizen. Das ist wichtig, um beispielsweise bei einem Puzzlespiel gezielt nach Teilen zu suchen, die in einen bestimmten Bereich des Bildes passen oder auch auf den komplex gestalteten Seiten eines Wimmelbuchs einzelne Figuren zu entdecken. Im Vor- und Grundschulalter gelingt es Kindern immer besser, sich auf eine Aufgabe zu konzentrieren, auch wenn sie dafür ablenkende Reize ignorieren müssen (Rueda et al. 2004).

Daueraufmerksamkeit

Ein zweiter wichtiger Aspekt der Aufmerksamkeit ist, wie lange sie aufrecht gehalten werden kann. Auch hier zeigen sich erhebliche Veränderungen im Vorschulalter sowie große interindividuelle Unterschiede (Mahone / Schneider 2012). Während es Dreijährigen noch schwerfällt, sich mehr als fünf bis sieben Minuten lang auf eine Aufgabe zu konzentrieren, bei der sie beispielsweise in einer Sequenz von Bildern auf einem Computerbildschirm immer auf eine Katze reagieren sollen, können sich Fünfjährige durchaus über sieben Minuten lang kontinuierlich auf eine solche Aufgabe konzentrieren. Kindern mit Aufmerksamkeitsstörungen fällt gerade die Daueraufmerksamkeit besonders schwer (Kap. 6).

Aufmerksamkeitskontrolle

Aufmerksamkeitskontrolle wird zu den Exekutivfunktionen gezählt. Bei Aufgaben, die diese Fähigkeit messen, muss das Kind eine eigentlich naheliegende Antwort unterdrücken, damit richtig auf die Aufgabe reagiert werden kann.

In der **Tag-Nacht-Aufgabe** sehen die Kinder Bilder und müssen auf diese verbal reagieren. In der Konflikt-Bedingung sollen die Kinder auf das Bild einer Sonne mit dem Wort „Nacht“ antworten und auf das Bild eines Mondes mit „Tag“. In einer einfacheren Kontroll-Bedingung sollten die Kinder auf geometrische Muster, die nichts mit der Tageszeit zu tun haben, jeweils mit dem Wort Tag oder Nacht reagieren.

Kindern unter fünf Jahren fällt diese Aufgabe in der Konflikt-Bedingung extrem schwer (Gerstadt et al. 1994). Sie schafften es in der Studie von Gerstadt und Kollegen nur in den ersten vier von 16 Versuchsdurchgängen zu 80 % richtig zu antworten, während Kinder zwischen fünf und sieben Jahren diese Leistung die ganze Zeit über aufrechterhalten konnten. Zudem antworteten Kinder mit steigendem Alter immer schneller, was darauf hindeutet, dass kleine Kinder mehr Zeit brauchen, um eine vorschnelle Antwort zu unterdrücken und erst dann die richtige Antwort zu äußern.

Auch in der sogenannten Kartensortieraufgabe zeigt sich eine deutliche Zunahme in der Aufmerksamkeitskontrolle und kognitiven Flexibilität im Alter zwischen drei und fünf Jahren (Hanania / Smith 2010). Hier ist insbesondere die Fähigkeit gefragt, flexibel auf Änderungen in der Aufgabenstellung zu reagieren.

In der **Kartensortieraufgabe** werden Kindern nacheinander Karten mit einer von zwei verschiedenen Figuren in einer von zwei verschiedenen Farben gezeigt (z. B. roter, bzw. blauer Stern und rotes, bzw. blaues Auto). Die Kinder sollen die Karten zunächst entweder nach Farbe oder nach Figur ordnen (z. B. blau rechts, rot links), was auch jüngeren Kindern meist gut gelingt. Nach einigen Durchgängen ändert sich die Sortierregel: Die Kinder sollen nun die Karten nach der anderen Dimension sortieren (z. B. Sterne rechts, Autos links). Dreijährige haben nun große Probleme und sortieren nur noch 20–40 % der Karten richtig, während vier bis fünf Jahre alte Kinder auch nach der Regeländerung noch 80–90 % der Karten richtig sortieren.

planvolles Handeln

Planvolles Handeln erfordert gut entwickelte Exekutivfunktionen, da mehrere mögliche Handlungsschritte mental präsent gehalten und bewertet werden müssen, bevor die beste Alternative gewählt und ausgeführt wird. Andere Handlungsmöglichkeiten müssen dagegen unterdrückt werden. Eine klassische Aufgabe zu dieser Fähigkeit ist der Turm von Hanoi (Klahr / Robinson 1981).

Beim **Turm von Hanoi** bekommt das Kind drei Stäbe, die auf einem Holzbrett angebracht sind (Abb. 6). Die Aufgabe ist, drei unterschiedlich große Scheiben in möglichst wenigen Zügen vom ersten auf den dritten Stab umzustecken. Es dürfen jederzeit nur kleinere Scheiben auf größeren Scheiben liegen und es darf immer nur eine Scheibe auf einmal bewegt werden.

Abb. 6: Ausgangssituation beim Turm von Hanoi

Dreijährige schaffen es zwar, die Scheiben auf den dritten Stab umzustecken, vernachlässigen dabei jedoch die richtige Reihenfolge. Mit sechs Jahren gelingt die Aufgabe dagegen auch unter Beachtung der Regeln und des übergeordneten Ziels, die Scheiben in die richtige Anordnung zu bringen. Handlungsplanung und -kontrolle sind mit sechs Jahren also deutlich besser entwickelt als mit drei Jahren.

4.3.2 Gedächtnisentwicklung

Bei der Einspeicherung ins Gedächtnis durchlaufen Informationen verschiedene „Speichersysteme“. Der sensorische Speicher nimmt sinnliche Eindrücke einer Modalität (z. B. visuelle Reize) nur für Millisekunden auf. Wenn einer Information gezielt Aufmerksamkeit gewidmet wird, wird sie in das Kurzzeitgedächtnis aufgenommen, das sie für mehrere Minuten bereithält. Wird die Information in dieser Zeit gedanklich manipuliert, spricht man auch vom Arbeitsgedächtnis. Informationen, die relevant sind und ausreichend wiederholt werden, werden dann in das Langzeitgedächtnis aufgenommen, das theoretisch unbegrenzt viel Wissen über lange Zeiträume speichern kann.

Kurzzeitgedächtnis

Die Kapazität des Kurzzeitgedächtnisses wird anhand der Gedächtnisspanne bestimmt. So bezeichnet man die Anzahl von Informationseinheiten, die für einen kurzen Zeitraum behalten werden können. Das kann beispielsweise bei einer Telefonnummer die Anzahl von Ziffern sein, die man sich merken kann, bis man sie eingetippt hat. Im Alter von zwei Jahren können Kinder im Durchschnitt nur zwei Ziffern wiederholen. Mit drei Jahren sind es dann drei Ziffern und mit vier Jahren vier Ziffern. Erst mit etwa zwölf Jahren wird die Gedächtnisspanne Erwachsener erreicht, nämlich sieben Ziffern, die in der richtigen Reihenfolge wiedergegeben werden können, nachdem sie einmal gehört oder gelesen wurden (Dempster 1981).

Langzeitgedächtnis

Beim Langzeitgedächtnis wird zwischen verschiedenen Gedächtnissystemen unterschieden, denen unterschiedliche Gehirnstrukturen zugrunde liegen und die für verschiedene Arten von Inhalten zuständig sind.

Gedächtnissysteme des Langzeitgedächtnisses

- **Explizites Gedächtnis:** Das explizite oder auch deklarative Gedächtnis beinhaltet Wissen, das wir bewusst abrufen können. Es wird unterteilt in zwei Systeme:

1. **Das episodische Gedächtnis** enthält Erinnerungen an Ereignisse und autobiographische Erlebnisse (z.B. die Erinnerung an den ersten Kino-Besuch).
2. **Das semantische Gedächtnis** beinhaltet das allgemeine Faktenwissen. Dieses Wissen ist bewusst abrufbar, an die Lernepisoden selbst kann man sich in der Regel aber nicht erinnern (z.B. Paris ist die Hauptstadt von Frankreich).

- **Implizites Gedächtnis:** Inhalte des impliziten Gedächtnisses werden unbewusst abgerufen. Dazu gehören z.B. erlernte motorische Fertigkeiten wie das Fahrradfahren.

In den ersten Lebensjahren lernen Kinder unzweifelhaft sehr viel über die Welt. Sie nehmen Unmengen an Informationen in ihr Langzeitgedächtnis auf, darunter zahlreiche prozedurale Fähigkeiten, aber auch Wissen über Gegenstände, Funktionen, Namen usw. Mit zunehmendem Alter können Kinder gelernte Inhalte immer länger behalten. Auch jüngere Kinder und Säuglinge können durchaus Erinnerungen aufbauen, vergessen diese jedoch schnell wieder. Zwischen zwei und drei Jahren, mit zunehmenden

Sprachkenntnissen, entwickelt sich die Fähigkeit, deklaratives Wissen verbal abzurufen (Josselyn / Frankland 2012). So können sich Dreijährige an autobiographische Erlebnisse, z. B. an Ausflüge, erinnern und diese nacherzählen.

infantile Amnesie

Interessanterweise können sich Erwachsene in der Regel an keine Erlebnisse aus den ersten zwei bis drei Lebensjahren erinnern und auch nur an wenige Ereignisse, die ihnen im Alter zwischen drei und sieben Jahren wiederfahren sind. Dieses Phänomen wird als „infantile Amnesie" bezeichnet. Eine mögliche Erklärung dafür ist, dass Gehirnstrukturen, die am Aufbau langanhaltender Erinnerungen beteiligt sind, insbesondere der Hippocampus, sich in diesen Jahren noch stark weiterentwickeln und auch neue Nervenzellen produzieren, wodurch bestehende Netzwerke immer wieder umstrukturiert werden und ältere Informationen verloren gehen (Josselyn / Frankland 2012).

Gedächtnisstrategien

Ein Aspekt der Gedächtnisentwicklung ist die Verwendung von Gedächtnisstrategien. Dazu gehört beispielsweise die Strategie, zu lernende Informationen gezielt zu wiederholen oder nach Oberbegriffen zu sortieren. Im Vorschulalter machen Kinder jedoch kaum Gebrauch von Gedächtnisstrategien (Flavell 1970). Es ist zwar möglich, Kindern ab fünf bis sechs Jahren solche Techniken beizubringen, sie nutzen diese aber dann kaum spontan. Mitunter können sich Vorschulkinder ohne die Nutzung von Gedächtnisstrategien sogar mehr merken, da die Strategien selbst relativ viele kognitive Kapazitäten von ihnen erfordern. Erst im Grundschulalter nutzen Kinder Gedächtnisstrategien erfolgreich.

4.3.3 Mathematische Fähigkeiten im Vorschulalter

Nicht erst mit dem Schuleintritt, sondern bereits im Vorschulalter werden grundlegende mathematische Fähigkeiten erworben. Zum einen lernen Kinder nun Zahlenbegriffe und auch die Reihenfolge, in der diese aufgezählt werden. Wie wir im Folgenden darstellen werden, umfasst Zählen jedoch viel mehr, als nur die Zahlen in der richtigen Reihenfolge aufsagen zu können (Butterworth 2005).

Zählen

Zählen ist eine wichtige Kulturtechnik, die meist im Vorschulalter erworben wird. Für einen Erwachsenen, der das Zählen beherrscht, ist es allerdings gar nicht mehr leicht nachzuvollziehen, wie komplex diese Fertigkeit ist. Es dauert tatsächlich etwa vier Jahre für ein Kind, das Zählen zu lernen (Butterworth 2005). In der Regel wird damit im Alter von zwei bis drei Jahren begonnen. In diesem Alter werden Kinder mit Zahlwörtern vertraut gemacht und lernen, diese in der richtigen Reihenfolge aufzuzählen. Mit etwa sechs Jahren wird schließlich das Niveau Erwachsener erreicht. Erst dann werden alle Prinzipien des Zählens beherrscht und konsequent eingehalten.

Prinzipien des Zählens

Das richtige Zählen einer Menge von Objekten erfordert folgende kognitiven Leistungen:

- **Eins-zu-eins-Zuordnung:** Jedem Objekt wird nur eine Zahl zugeordnet. Die Objekte müssen daher ständig in bereits gezählte und noch zu zählende Objekte eingeteilt werden.
- **Stabile Ordnung:** Die Zahlenbegriffe werden in einer festen, wiederholbaren Reihenfolge verwendet.
- **Kardinalität:** Der Zahlenbegriff, der dem letzten gezählten Objekt zugeordnet wird, entspricht der Anzahl der Objekte. Ein Kind hat dieses Prinzip verstanden, wenn es direkt nach dem Abzählen auf die Frage, wie viele Objekte vorliegen, die letztgenannte Zahl sagen kann.
- **Abstraktion:** Die oben genannten Regeln können auf jedes Set diskreter Einheiten angewandt werden. Die Objekte müssen dafür nicht anwesend sein, d.h. es können auch abstrakte Dinge gezählt werden (z.B. drei Wünsche).
- **Irrelevanz der Ordnung:** So lange jedes Objekt nur einmal gezählt wird, ist es egal, in welcher Reihenfolge die Objekte gezählt werden (Gelman/Gallistel 1978).

Diese Prinzipien und Fähigkeiten werden nicht parallel erworben, sondern in einer bestimmten Reihenfolge. So beherrschen Kinder die stabile Ordnung meist relativ früh, mit etwa zweieinhalb Jahren, bevor sie die Eins-zu-eins-Zuordnung beachten. Das Prinzip der Kardinalität folgt erst später und baut auf diesen früheren Fähigkeiten auf. Erst wenn auch dieses Prinzip beherrscht wird, können Kinder Zahlen auch zum Addieren und Subtrahieren verwenden, womit sie mit etwa fünf Jahren beginnen. Natürlich hängen die Leistungen der Kinder beim Zählen auch davon ab, wie groß die Anzahl der Objekte ist, mit denen sie umgehen sollen. So kann ein jüngeres Kind die stabile Ordnung durchaus grundsätzlich schon beachten, aber eben nur, so weit es schon zählen kann.

kulturelle Unterschiede

Im Kulturvergleich gibt es interessante Unterschiede sowohl im Zählenlernen als auch in frühen arithmetischen Fähigkeiten. Diese Unterschiede werden unter anderem auf die jeweils spezifischen Zahlwörter einer Sprache zurückgeführt (Geary et al. 1996). Der chinesische Begriff für die Zahl „elf" setzt sich beispielsweise aus den Begriffen „zehn" und „eins" zusammen, „zwölf" aus „zehn" und „zwei", usw. Somit wird schon durch das Zahlwort klar, dass sich die Zahl elf aus einem „Zehner-" und einem „Einer-Wert" zusammensetzt, was bei dem Begriff „elf" im Deutschen (auch bei „eleven" im Englischen) nicht der Fall ist. Dies scheint chinesischen Kindern das Zählenlernen über die Zahl zehn hinaus zu erleichtern und hilft ihnen, früher, als beispielsweise amerikanische Kinder, Strategien für einfache arithmetische Operationen wie die Addition zu erwerben.

Mengen vergleichen

Bereits Babys haben in begrenztem Maße einen „Sinn" für Mengenverhältnisse. Wenn sechs bis acht Monate alte Säuglinge wiederholt Bilder mit jeweils zwei neuen, verschiedenartigen Objekten sehen, wird ihnen irgendwann langweilig und sie schauen jedes neue Bild weniger lang an, als das Bild davor. Zeigt man ihnen dann jedoch ein neues Bild mit drei Objekten statt zwei schauen sie wieder länger hin (Starkey et al. 1990). Diese Beobachtung weist darauf hin, dass sich die Kinder durch wiederholte Präsentation an das Konzept von Objektpaaren gewöhnt hatten und es dann interessant fanden, eine größere Anzahl von Objekten auf einem Bild zu sehen. Mengen von drei bis vier Objekten können diesem und ähnlichen Experimenten zufolge bereits im Säuglingsalter unterschieden werden (Butterworth 2005).

Vor dem Hintergrund dieser frühen, anscheinend intuitiven Fähigkeiten, ist es erstaunlich, dass Kindern der Mengenvergleich bei fünf bis neun Objekten erst mit etwa fünf Jahren gut gelingt (Siegler / Robinson 1982). Erst dann scheinen Kinder auch ein Konzept für größere Mengen zu entwickeln. Dabei fällt es Kindern leichter, große Unterschiede (z. B. zwischen vier und acht) im Vergleich zu kleinen Unterschieden (z. B. zwischen vier und fünf) zu entdecken.

4.3.4 Machen Vorschulkinder „Denkfehler"?

Einer der einflussreichsten Forscher und Theoretiker auf dem Gebiet der Entwicklungspsychologie ist nach wie vor der Schweizer Jean Piaget (1896–1980). Sein Ziel war es, durch die Untersuchung und Beobachtung von

Kindern, die Ursprünge von Intelligenz, Wissen und Erkenntnisprozessen nachzuvollziehen (Piaget 1975). Die Altersspanne zwischen zwei und sechs Jahren bezeichnete er als „präoperationales Stadium". In diesem Stadium beginnen Kinder laut Piaget, sprachlich und symbolisch zu denken. Sie nutzen Sprache, um Vorgänge, die nicht aktuell passieren, und Dinge, die nicht gerade anwesend sind, zu repräsentieren. Außerdem sind sie nun in der Lage zum sogenannten „Symbolspiel", bei dem Gegenständen vorrübergehend andere Funktionen zugesprochen werden (z. B. wird die Banane im Spiel zum Telefon umfunktioniert).

Laut Piaget ist das Denken im Vorschulalter jedoch noch durch mangelnde Flexibilität und „Denkfehler" gekennzeichnet. Im folgenden Abschnitt werden wir die von Piaget postulierten Denkfehler näher betrachten und ihre Gültigkeit in Hinblick auf neuere experimentelle Befunde diskutieren.

Egozentrismus

Piaget beobachtete, dass Kinder im präoperationalen Stadium noch Schwierigkeiten damit haben, sich in die Perspektive einer anderen Person hineinzuversetzen.

Im **Drei-Berge-Versuch** wird dem Kind zunächst ein dreidimensionales Modell einer Berglandschaft aus verschiedenen Perspektiven gezeigt. Vor dem Modell stehend sollen sie sich nun vorstellen, wie die Landschaft aus der Perspektive einer anderen Person oder Puppe aussieht, die von einem anderen Blickwinkel aus auf die Landschaft schaut. Zwischen drei und sechs Jahren antworten Kinder meist mit einer Beschreibung ihrer eigenen Perspektive.

Piaget schloss aus dieser Beobachtung, dass Kinder im Vorschulalter noch nicht in der Lage seien, sich aus ihrer eigenen, „egozentrischen" Perspektive zu lösen, um den Blickwinkel einer anderen Person nachzuvollziehen. Spätere Studien haben jedoch gezeigt, dass Kinder bereits zwischen zwei und drei Jahren die Fähigkeit entwickeln, einzuschätzen, ob eine andere anwesende Person von ihrem Blickwinkel aus einen bestimmten Gegenstand sehen kann oder nicht (Moll / Kadipasaoglu 2013). Diese Aufgabe ist allerdings natürlich einfacher, als sich eine komplette Ansicht aus der Perspektive eines anderen vorzustellen.

Tatsächlich entwickelt sich die räumlich-visuelle Perspektivübernahme später als Fähigkeiten der mentalen Perspektivübernahmen, der sogenannten Theory of mind (Kap. 4.5.1). Es scheint kleinen Kindern leichterzufallen, sich in die Gedanken- und Gefühlswelt einer anderen Person hineinzuversetzen, als Blickwinkel und räumliche Relationen richtig zu berechnen, um deren visuelle Perspektive nachvollziehen zu können. Eine mögliche Erklärung dafür könnte sein, dass die mentale Perspektivübernahme und das Teilen von Gedanken und Erlebnissen mit anderen Menschen früh in der Entwicklung eine größere soziale Bedeutung haben als die visuelle Perspektivübernahme (Moll / Kadipasaoglu 2013).

Wahrnehmungsverhaftung

Wahrnehmungsverhaftung bedeutet laut Piaget, dass Kinder dazu neigen, einen Gegenstand vorwiegend in Bezug auf sein Äußeres und weniger in Bezug auf seine Funktion oder andere, wenig offensichtliche Charakteristika hin zu beurteilen.

In der **Schein-Realität-Aufgabe** wird dem Kind ein zweideutiges Objekt gezeigt, z. B. ein Kühlschrankmagnet in Form einer Praline oder ein Radiergummi in Form eines Stifts. Das Kind wird zunächst gefragt „Sieht das aus wie ein [Magnet] oder wie eine [Praline]?“. Die zweite Frage lautet „Was ist es wirklich? Ein [Magnet] oder eine [Praline]?“.

Mit drei Jahren beantworten Kinder beide Fragen meist mit der gleichen Antwort (Deak 2006). Auch vierjährige und fünfjährige Kinder machen diesen Fehler noch, mit steigendem Alter jedoch immer seltener. Anders als von Piaget angenommen, antworten die meisten Kinder allerdings eher mit der tatsächlichen Identität des Objekts, als mit der scheinbaren Identität, wenn ihnen die Funktion des Objekts zuvor demonstriert wurde. Vorschulkinder scheinen also keineswegs nur auf das Äußere zu achten, wenn sie ein Objekt identifizieren sollen.

Trotzdem legt die Tatsache, dass kleine Kinder beide Fragen in der Regel gleich beantworten nahe, dass sie Schwierigkeiten damit haben, Objekte flexibel zu repräsentieren, nämlich einmal nach dem Aussehen und einmal nach der Funktion. Laut Deak (2006) könnte dies jedoch an der Art und Weise liegen, wie in der klassischen Aufgabe nach Schein und Realität gefragt wird. Kinder im Vorschulalter tendieren demnach dazu, zwei aufeinanderfolgende Fragen mit identischen, vorgegebenen Antwortalternativen immer gleich zu beantworten. Fragt man die Kinder auf eine andere Art, können sie einem Objekt durchaus gleichzeitig zwei verschiedene Bezeichnungen zuschreiben:

Der Versuchsleiter zeigt der dreijährigen **Julia** eine Hunde-Handpuppe und fragt: „Wie heißt das?“. Das Mädchen antwortet: „ Hund!“. Der Versuchsleiter streift die Puppe dann über seine Hand und tut so, als würde er sich mit ihr unterhalten. Dann fragt er das Mädchen: „Wie nennt man etwas, mit dem man das machen kann?“. Julia antwortet: „Puppe!“. Schließlich fragt der Versuchsleiter: „Ist das ein Hund und eine Katze? Ist das eine Katze und eine Puppe?“. Das Mädchen schüttelt zweimal den Kopf. „Ist das ein Hund und eine Puppe?“ Julia bejaht (Deak 2006).

Zentrierung und Irreversibilität

Zwei weitere Charakteristika des „unflexiblen“ Denkens im Vorschulalter sind laut Piaget die Phänomene der Zentrierung und Irreversibilität. Zur Illustration sollen hier zwei Beispiele dienen.

Bei der **Umschütt-Aufgabe** (Abb. 7) werden dem Kind zunächst zwei identische Gläser gezeigt, in denen sich die gleiche Menge einer Flüssigkeit befindet. Das Kind wird gefragt, ob sich gleich viel Flüssigkeit in beiden Gläsern befindet oder in einem der beiden mehr als im anderen. Nachdem das

Abb. 7: Kind bei der Umschütt-Aufgabe

Kind richtig geantwortet hat, wird die Flüssigkeit aus einem der beiden Gläser in ein drittes, höheres und schmaleres Glas umgefüllt. Wieder wird das Kind gefragt, ob jetzt in beiden Gläsern gleich viel Flüssigkeit enthalten ist oder nicht. Meist antworten Kinder im Alter von drei bis sechs Jahren, dass in dem hohen Glas mehr Flüssigkeit sei.

In dieser Aufgabe „zentriert" das Kind auf eine Eigenschaft der Gefäße, nämlich auf die Höhe bzw. auf den Pegelstand der Flüssigkeit. Es berücksichtigt dabei nicht die Breite der Gläser. Zudem ist das Antwortverhalten ein Beispiel für Irreversibilität im Denken, da die Kinder den Vorgang des Umschüttens offenbar gedanklich nicht rückgängig machen können.

In der **Herzen-Aufgabe** sehen die Kinder zwei gleich lange Reihen von Herzen und werden gefragt, ob in jeder Reihe gleich viele Herzen sind (Abb. 8). Wenn das Kind bejaht hat, werden dem Kind zwei neue Reihen gezeigt. Beide Reihen bestehen aus gleich vielen Herzen, aber in einer der Reihen sind die Abstände zwischen den Herzen größer als in der anderen. Auf die gleiche Frage antworten Vorschulkinder nun, dass in der längeren Reihe mehr Herzen seien als in der kürzeren Reihe.

Hier wird also auf die Länge der Reihe „zentriert", während die ebenso bedeutsamen Abstände zwischen den Herzen ignoriert werden.

In beiden Beispiel-Aufgaben fokussieren sich („zentrieren") Kinder also auf eine von mehreren relevanten Dimensionen. Zudem berücksichtigen sie nicht, dass bestimmte Transformationen theoretisch rückgängig gemacht werden können (z. B. das Umschütten). Anders als ursprünglich von Piaget vermutet, bewältigen Kinder diese Aufgaben je nach Art des Inhalts allerdings früher oder später in der Entwicklung. So wird die Herzen-Aufgabe (Invarianz der Anzahl) bereits mit fünf bis sechs Jahren gemeistert, während die Umschütt-Aufgabe (Invarianz der Mengen) erst mit sechs bis sieben Jahren richtig gelöst wird. Wenn es um Flächen geht (z. B.

Abb. 8: Beispiel für eine Aufgabe zum Phänomen der Zentrierung

Schokoladentafeln mit drei mal drei im Vergleich zu zwei mal vier Rippchen), schaffen es Kinder sogar erst mit neun bis zehn Jahren, korrekte Vergleiche anzustellen, weil sie vorher Länge und Breite addieren, anstatt beide Dimensionen zu multiplizieren. Die Überwindung von Zentrierung und Irreversibilität im Denken ist also hochgradig von den spezifischen Inhalten abhängig, und scheint kein allgemein ablaufender Entwicklungsprozess zu sein.

fehlende Klasseninklusion

Auch die fehlende Klasseninklusion bewertete Piaget als Beleg für die mangelnde kognitive Flexibilität von Vorschulkindern. Er beobachtete, dass es Kindern manchmal schwer fällt, Gegenstände gleichzeitig verschiedenen Kategorien zuzuordnen. In der Blumenaufgabe werden dem Kind beispielsweise drei rote und fünf gelbe Blumen gezeigt (Abb. 9). Die Kinder werden gebeten alle Blumen insgesamt zu zählen, dann nur die roten und schließlich nur die gelben Blumen. Es wird anschließend gefragt: „Wer hat mehr? Der, dem die Blumen gehören, oder der, dem die gelben Blumen gehören?". Vorschulkinder antworten meist, dass der, dem die gelben Blumen gehören, mehr hat.

Abb. 9: Blumenaufgabe zum Phänomen der fehlenden Klasseninklusion

Die Kinder stellen also spontan einen Vergleich zwischen zwei Unter-Kategorien an (rote und gelbe Blumen), obwohl sich die Frage eigentlich auf den Vergleich einer Ober-Kategorie (Blumen) mit einer Unter-Kategorie (gelbe Blumen) bezog. In dieser Aufgabe gelingt es den Kindern laut Piaget nicht, die Objekte gleichzeitig als Blumen und als Blumen bestimmter Farben, also in Kategorien verschiedener hierarchischer Ebenen, zu repräsentieren. Allerdings kann auch hier die Form der Frage kritisiert werden, da die Kinder sprachlich sozusagen „in die Falle gelockt" werden. Werden sehr vertraute Kategorien unterschiedlicher Ebenen verwendet (z. B. Kinder, Eltern / Familie), gelingt es Kindern schon früher verschiedene Ebenen von Kategorien gleichzeitig zu repräsentieren.

4.3.5 Ist ein Baum lebendig? Theorien und Konzepte über die Welt

Nicht nur kognitive Funktionen und mentale Fähigkeiten verändern sich im Vorschulalter. Auch die Inhalte des Denkens, Konzepte und Theorien, die Kinder über die Welt besitzen, durchlaufen interessante Veränderungsprozesse. Sogenannte domänenspezifische Ansätze der Entwicklungspsychologie gehen davon aus, dass das Weltwissen von Kindern in verschiedenen Wissensbereichen, sogenannten Domänen, strukturiert ist. Zwei der am meisten erforschten Wissensbereiche, die Biologie und die Physik, sollen im Folgenden näher betrachtet werden.

Biologie

Schon Säuglinge unterscheiden zwischen belebten und unbelebten Dingen (Simion et al 2011). Dabei achten sie vor allem darauf, ob und wie sich etwas bewegt. Kann sich etwas von selbst fortbewegen, ohne angestoßen zu werden, und ist diese Bewegung etwas unregelmäßig, mit plötzlichen Richtungsänderungen anstelle von gleichmäßig und mechanisch, handelt es sich vermutlich um ein Tier oder einen Menschen und nicht um ein unbelebtes Artefakt. Diese frühe Unterscheidung ist wichtig, da nur von belebten Agenten willentliche Handlungen zu erwarten sind, während Artefakte von sich aus in der Regel nichts tun und auch keine Intentionen haben.

Zu dieser frühen Kategorie von Lebewesen werden Pflanzen konsequenterweise nicht gezählt. Im Vorschulalter verneinen Kinder meist die Frage, ob ein Baum lebendig ist (Carey 1985). Gewisse biologische Eigenschaften schreiben allerdings schon Kindergartenkinder auch Pflanzen zu. So wissen beispielsweise Drei- und Vierjährige bereits, dass Pflanzen wie Tiere wachsen können (Hickling / Gelman 1995).

Gleichzeitig haben Vorschulkinder die Tendenz, unbelebten Objekten (z. B. der Sonne oder Wolken) Intentionen und Aktivität zuzuschreiben.

Aaron, drei Jahre und zehn Monate: „Die Sonne freut sich, wenn die Kinder draußen spielen. Dann scheint sie!"

Piaget bezeichnete dieses Phänomen als „Animismus“ und führte es auf den kindlichen Egozentrismus zurück. Demnach verallgemeinern Kinder ihre eigenen Empfindungen und Absichten undifferenziert auf Tiere und sogar unbelebte Dinge. Auch Wissensdefizite wurden zur Erklärung des Phänomens herangezogen (Carey 1985).

Physik

Interessante Veränderungen gibt es im Vorschulalter im Bereich des physikalischen Wissens. Dazu gehören unter anderem Vorstellungen, die Kinder von der Form der Erde haben (Vosniadou/Brewer 1992). Vorschulkinder scheinen zunächst davon auszugehen, dass die Erde eine Fläche darstellt, auf der sich Menschen bewegen und von der sie auch herunterfallen können. Dieses mentale Modell der Erde deckt sich mit ihrer Alltagserfahrung einer flachen Erdoberfläche und mit ihrem physikalischen Wissen, dass ein Körper von etwas gehalten werden muss, damit er nicht fällt.

Diese Vorstellung wird bald allerdings unweigerlich durch die Information in Frage gestellt, die Erde sei rund. Viele Kinder stellen sich die Erde dann zunächst als eine runde, flache Scheibe vor. Das heißt, sie passen ihr Weltbild behutsam an die dazu gewonnene Information an, ohne es grundsätzlich zu verändern.

Als nächstes erfahren Kinder, spätestens im frühen Grundschulalter, die Erde sei eine Kugel. Diese Information ist nun nicht mehr so einfach mit ihrer Alltagserfahrung zu vereinbaren. Manche Kinder lösen das Problem, indem sie sich zwei verschiedene „Erden“ vorstellen: eine flache Scheibe, auf der sie leben und eine Kugel, die darüber schwebt. Andere Kinder stellen sich eine halb hohle Kugel vor, in deren Mitte die Menschen auf einer Fläche leben, etwa wie in einem Aquarium. Der Himmel ist in Form einer Halbkugel darüber gewölbt. Ein weiteres „Zwischenmodell“ zwischen frühen Vorstellungen von der Erde als Fläche und der zutreffenden Vorstellung von der Erde als Kugel ist, dass die Erde eine abgeflachte Kugel darstellt, wie ein „dicker Pfannkuchen“ (Vosniadou/Brewer 1992), auf deren Oberfläche Menschen leben, allerdings nur obendrauf und nicht seitlich oder unten.

Erst wenn Kinder verstehen, dass die Erdoberfläche im Alltag nur aufgrund der Größe der Erde flach erscheint und dass die Erdanziehungskraft uns zum Mittelpunkt einer kugelförmigen Erde zieht, können sie akzeptieren, dass die Erde eine runde Kugel ist, auf deren Oberfläche Menschen überall leben können (also auch auf der „unteren“ Halbkugel). Erst mit etwa elf Jahren entwickeln Kinder diese zutreffende Vorstellung von der Erde und geben ihre vorangegangenen Modelle auf. Die Anpassung der früheren gedanklichen Modelle der Erde passiert langsam und schrittweise. Um jedoch zu der endgültigen Vorstellung von der Erde als Kugel zu kommen, ist ein radikaler Wandel (engl. „conceptual change") der mentalen Modelle der Kinder erforderlich sowie die Uminterpretation ihrer Alltagserfahrungen und ihres physikalischen Wissens.

Spannend sind auch die sich verändernden Vorstellungen von Materie im Alter zwischen vier und zwölf Jahren (Carey 1991). Vorschulkinder differenzieren zunächst noch nicht zwischen den Konzepten Gewicht und Dichte. So stützen sie ihre Voraussage, ob ein Objekt schwimmt oder nicht, allein auf das Gewicht. Auch zwischen Luft und Nichts wird zunächst noch nicht unterschieden und es wird angenommen, dass extrem leichte Gegenstände, wie z. B. ein Reiskorn, gar nichts wiegen. Erst relativ spät, zwischen neun und zwölf Jahren, entwickeln Kinder eine Vorstellung von Materie als kontinuierlich.

4.3.6 Fazit: Aufmerksamkeit, Gedächtnis und Denken

Das Denken von Kindern durchläuft im Vorschulalter faszinierende Veränderungen. Die zunehmende Kontrolle über die eigene Aufmerksamkeit erlaubt es Kindern in diesem Alter mehr und mehr flexibel zu denken und den Aufmerksamkeitsfokus während einer Denkaufgabe zu wechseln. Die klassischerweise beobachteten „Denkfehler" sind vor diesem Hintergrund und unter Berücksichtigung neuerer Studien zu relativieren. Piagets Sicht vom „präoperationalen Stadium" wird den Fähigkeiten von Kindern im Vorschulalter nicht wirklich gerecht. Auch das Weltwissen von Kindern verändert sich im Vorschulalter und frühe einfache Konzepte zur Biologie und Physik werden mit zunehmendem Wissen aufgegeben und durch komplexere Konzepte ersetzt, die weniger auf unmittelbaren Alltagserfahrungen beruhen.

Goswami, U. (2001): So denken Kinder: Einführung in die Psychologie der kognitiven Entwicklung. Huber, Bern

1 Welche Aspekte der Aufmerksamkeit entwickeln sich im Vorschulalter?

2 Welche Teilfähigkeiten gehören zum Zählen?

3 Welche „Denkfehler“ machen Vorschulkinder laut Piaget und was wissen wir heute darüber?

4 Nennen Sie ein Beispiel für ein Wissenskonzept, das sich im Vorschulalter grundlegend ändert!

4.4. Sprache

Die sprachliche Entwicklung im Vorschulalter scheint auf den ersten Blick nicht so beeindruckend wie die Sprachentwicklung in den ersten Lebensjahren eines Kindes. Doch alle Aspekte der Sprache erfahren auch in der Vorschulzeit merkliche Veränderungen, denen wir uns in diesem Kapitel widmen möchten. Die Themen „Mehrsprachigkeit“ sowie „Erstes Lesen und Schreiben“ bilden weitere Ergänzungen.

Von Geburt an sind wir Menschen darauf vorbereitet, Sprache(n) zu lernen. Schon Neugeborene können die menschliche Sprache von anderen Lauten unterscheiden. Das Neugeborene ist auch in der Lage, alle sprachlichen Laute zu differenzieren – diese universelle Fähigkeit verliert sich dann im Laufe der Entwicklung, wenn das Baby hauptsächlich mit seiner Muttersprache konfrontiert wird. Innerhalb der ersten Wochen beginnt das Baby auch selbst Laute zu bilden: das erste „Gurren“ hört man meist mit sechs bis acht Wochen.

Selbstgespräche

Vorschulkinder haben schon beeindruckende Meilensteine in der sprachlichen Entwicklung vollzogen und verfeinern ihre sprachlichen Leistungen immer weiter. Eine Besonderheit, die man bei Kindern im Alter ab zwei Jahren beobachten kann und die sich aber bis zum Beginn der Schulzeit zunehmend verliert, ist das Selbstgespräch. Wenn Kinder für sich spielen, etwas erkunden oder eine Aufgabe bewältigen, sprechen sie laut vor sich hin.

Adam (viereinhalb Jahre) beim Legospielen zu sich selbst: „Wo ist der blaue Stein denn nur? Da. Jetzt hiiiiiier drauf. So. Ist aber wackelig. Ich brauch noch einen langen Stein. Zum Festmachen.“

Der russische Psychologe Lev Vygotsky sah als Erster in diesen Selbstgesprächen den starken Zusammenhang zwischen Sprache und Denken: Kinder sprechen zu sich selbst, um ihr Denken und Handeln besser strukturieren zu können. Je älter sie werden, desto mehr verschiebt sich das laute Selbstgespräch zum Flüstern, zu leisen Lippenbewegungen und schließlich zum „inneren Dialog" (Vygotsky 2012).

Selbstgespräche sind besonders dann bei Kindern zu beobachten, wenn die Aufgabe, die sie gerade bewältigen, einen angemessenen Schwierigkeitsgrad hat, nicht zu leicht und nicht zu schwer ist, sondern schaffbar – dann hilft das Selbstgespräch den Kindern am besten, die Aufgabe zu lösen (Fernyhough / Fradley 2005). Selbstgespräche sind also nicht schädlich und sollten nicht unterbunden werden – sie verlieren sich im Laufe der Entwicklung von selbst.

4.4.1 Sprachentwicklung in der Vorschulzeit

Phonetik beschreibt die Entstehung, Übertragung und Wahrnehmung von Sprachlauten. Im Laufe der phonetischen Entwicklung lernen Kinder, die Laute ihrer Muttersprache(n) wahrzunehmen, zu unterscheiden und sie zu bilden.

Ein vierjähriges Kind kann fast alle Laute der deutschen Sprache korrekt aussprechen. Ausnahmen bilden „sch", „s" und „r" und einige Konsonantenverbindungen, z. B. „kr" in Kran. Mit dem „s" tun sich auch manche fünfjährigen Kinder noch schwer, alle anderen Laute können korrekt gebildet werden. Nach dem Zahnwechsel legt sich das Lispeln oft von selbst. Bleibt das Lispeln jedoch auch nach dem Zahnwechsel bestehen, so ist es empfehlenswert, die Ursachen für das Lispeln herauszufinden und dem betroffenen Kind im Rahmen einer logopädischen Therapie zu helfen.

Sprechunflüssigkeiten in der Sprachentwicklung

Stottern ist eine Unterbrechung des Redeflusses durch Blockade, Wiederholungen oder Dehnungen von Worten. Meist beginnt Stottern im Alter zwischen zwei und fünf Jahren. Dabei muss man unterscheiden, ob es nur eine Phase der Sprechunflüssigkeit ist, die viele Kinder in diesem Alter durchmachen oder das Stottern die Kindheit hindurch bis zur Pubertät bestehen bleibt. Ein Viertel der Kinder, die im Kindergartenalter stottern, entwickeln ein dauerhaftes Stottern. Ihr Stottern empfinden die meisten Betroffenen als belastend und nicht selten ziehen sie sich sozial zurück. Doch Stottern ist in jedem Alter sehr gut behandelbar. Wenn bei einem Kind Sprechunflüssigkeiten auftreten, ist es deshalb empfehlenswert, das Kind von einer Fachkraft untersuchen zu lassen (Weitere Informationen zum Thema Stottern und Empfehlungen für den Umgang mit stotternden Kindern finden Sie auf den Internetseiten der Bundesvereinigung Stottern & Selbsthilfe e.V., www.bvss.de).

Der **Wortschatz** beschreibt die Anzahl der Wörter, die ein Kind versteht (passiver Wortschatz) oder auch selbst benutzt (aktiver Wortschatz).

Lernen neuer Wörter

Vom ersten Wort um den ersten Geburtstag herum, über einen aktiven Wortschatz von mindestens 50 Wörtern mit zwei bis vier Jahren, lernt das Kind stetig neue Wörter hinzu. Manche WissenschaftlerInnen gehen davon aus, dass Kinder im Vorschulalter im Durchschnitt fast vier neue Wörter pro Tag lernen und Grundschulkinder sogar zwischen sechs und zehn (Bloom / Markson 1998). Bis vor Kurzem ging man auch davon aus, dass es besonders zwischen dem ersten und zweiten Lebensjahr zu einer „Wortschatzexplosion“ kommt, bei der in kürzester Zeit sehr viele neue Worte gelernt werden. Neuere Studien können allerdings zeigen, dass nur eins von fünf Kindern einen solchen Spurt zeigt – die meisten Kinder verbessern sich stetig (Ganger / Brent 2004).

Das Lernen neuer Wörter und ihrer Bedeutung geschieht vor allem durch den Prozess des „fast mapping“ (Bloom / Markson 1998) oder der „schnellen Zuordnung“: Wenn ein Kind mit den Worten „Bring mir mal den Skork“ aufgefordert wird, aus einer Box einen Gegenstand zu holen und es alle bis auf einen Gegenstand in der Box kennt, so wird es automatisch schließen, dass dieser unbekannte Gegenstand der „Skork“ sein muss. Fast mapping ermöglicht es also, neuen Worten schnell und effektiv eine Bedeutung zuzuweisen.

Im Vorschulalter erweitert das Kind seinen Wortschatz und damit auch sein Verständnis von Wörtern, die zeitliche und räumliche Dimensionen wie z. B. „heute“, „morgen“, „nächste Woche“, „oben“, „links“ oder „dahinter“ beschreiben. Das Vorschulkind kann besser mit Mengenwörtern wie „einige“ oder „viele“ und mit Wörtern, die Gefühle beschreiben wie „traurig“ oder „wütend“ etc. umgehen. Es ist schwierig, genau zu ermitteln, wie viele Wörter Kinder im Alter von sechs Jahren gelernt haben. Ein passiver Wortschatz von im Mittel 10.000 Wörtern scheint ein von vielen SprachforscherInnen akzeptierter guter Schätzwert zu sein (Bloom / Markson 1998). Allerdings unterscheiden sich Kinder deutlich in ihrem Wortschatz, denn dieser wird von vielen Faktoren beeinflusst. Besonders die elterliche Bildung prägt den Wortschatz eines Kindes: Zum Zeitpunkt des Schuleintritts haben Kinder von gebildeteren Eltern einen größeren Wortschatz als Kinder von weniger gebildeten Eltern (Hoff 2006).

„Frau Müller, Du Asloch!"

Kinder lernen nicht nur nette Worte, sondern natürlich auch Schimpfworte. Im Sinne eines autoritativen Erziehungsstils (Kap. 2.3.1) ist es hilfreich, in der Situation, in der das Kind Schimpfworte benutzt, gelassen zu reagieren – jedwede Reaktion fördert ansonsten die erneute Benutzung des Schimpfwortes. In einer ruhigen Situation kann man dem Kind dann Regeln klarmachen wie „Hier bei uns in der Kita wird so nicht geredet. Wenn dir etwas nicht passt, musst du das ohne Schimpfwörter mit uns klären" und Alternativen aufzeigen „Du erreichst viel mehr, wenn du freundlich bist".

Die **Grammatik** beschreibt die Gesetzmäßigkeiten einer Sprache. Die grammatikalische Entwicklung bezieht sich somit auf die sprachliche Entwicklung des Kindes hin zum Verständnis der Sprachregeln.

Gesetzmäßigkeiten der Sprache

Ungefähr an seinem zweiten Geburtstag beginnt das Kind die einzelnen Wörter, die es zuvor gelernt hat, aneinander zu reihen. Typische Zweiwortsätze lauten etwa „Mama Arm", „Tasse alle" oder „Ball weg". Diese Reihung von Wörtern ist das erste Zeichen, dass das Kind anfängt, die Gesetzmäßigkeiten seiner Sprache zu verstehen. Vierjährige Kinder haben schon viele Gesetzmäßigkeiten ihrer Sprache gelernt, ihr Satzbau ist meistens korrekt und sie sind in der Lage, Haupt- und Nebensätze zu bilden.

Da sich die Kinder nun zunehmend nicht nur über die aktuelle Situation unterhalten können, sondern auch über Dinge, die ihnen in der Vergangenheit widerfahren sind oder bald in der Zukunft passieren, ist die Vorschulzeit besonders davon geprägt, dass Kinder die verschiedenen Zeitformen von Verben (z. B. „er sagte", „sie rief", „er wird vorbeikommen") lernen. In dieser Zeit lässt sich ein interessantes Phänomen beobachten, nämlich das der „Übergeneralisierung".

Übergeneralisierung bedeutet, dass eine Sprachform nach dem Vorbild einer anderen Sprachform gebildet wird und zwar entgegen der Regel: Statt „er ging" sagen Kinder „er gehte" (Übergeneralisierung bei Verben), statt

„das Mädchen – die Mädchen“ sagen Kinder „das Mädchen – die Mädchens“ (Übergeneralisierung in der Pluralbildung).

Mutter: „Wart Ihr heute draußen?“

Clara (vier Jahre): „Ja. Und da waren viele Vogels am Himmel. Die fliegten in den Urlaub.“

Mutter: „Achso, die Vögel flogen in den Urlaub – also waren das Zugvögel! Vielleicht Gänse?“

Clara: „Ja, Enten oder Gänsen ...“

Übergeneralisierungen kommen in allen Phasen der Sprachentwicklung vor (und auch noch bei Erwachsenen, die neue Wörter lernen), sie sind aber besonders in der Vorschulzeit bemerkenswert, da es sein kann, dass das Kind bis zu einem gewissen Zeitpunkt die korrekte Wortform benutzt hat (z. B. „er ging“), dann eine Phase der Übergeneralisierung durchmacht (z. B. „er gehte“), um schließlich wieder die korrekte Wortform zu benutzen. Die anfängliche, richtige Benutzung der Wortformen ist darauf zurückzuführen, dass das Kind zunächst nur nach dem Hören lernt. Dabei hört es ja vorwiegend die richtige Benutzung der Wortformen. Dann wird es sich aber zunehmend der Gesetzmäßigkeiten der Sprache bewusst und in dieser Phase treten folglich Übergeneralisierungen auf. Aus der Phase der Übergeneralisierung kommt das Kind dann wieder heraus, indem es lernt, dass es viele Regeln für die Bildung von Wörtern gibt und es sich gerade bei den Ausnahmen wieder verstärkt daran orientieren muss, wie sein Umfeld spricht.

Ein weiterer Aspekt der grammatikalischen Entwicklung ist die korrekte Bildung des Passivs. Hier unterscheidet man eindeutige Passivkonstruktionen, z. B. „Das Bonbon wird von Anna gegessen“, von nicht eindeutigen Passivkonstruktionen, z. B. „Tim wird von Anna geküsst“. Schon Dreijährige können eindeutige Passivkonstruktionen verstehen und selbst bilden, nicht eindeutige Passivkonstruktionen werden dagegen erst im Verlauf des Vorschulalters gemeistert.

Pragmatik wird definiert als die Lehre vom sprachlichen Handeln. Darunter versteht man die Kompetenz, zu wissen, wie Sprache sowie Mimik und Gestik, benutzt werden können. Sprache kann zum Beispiel eingesetzt werden, um etwas zu bekommen oder um jemanden zu bedrohen und entsprechend verändert sich die Sprache. Es gibt auch Sprachregeln, die abhängig sind vom kulturellen und sozialen Kontext, z.B. das „Siezen" – auch sie gehören zu den pragmatischen Kompetenzen.

effektiver und angemessener Spracheinsatz

Im Laufe der Entwicklung lernt das Kind nicht nur, wie Sprache funktioniert, sondern auch, wie es sie effektiv und angemessen einsetzt. Dazu gehört zum Beispiel, dass man beim gleichen Thema bleiben und seine Aussagen eindeutig formulieren sollte, weil es dann wahrscheinlich ist, dass der Gesprächspartner einen versteht und man bekommt, was man möchte. Auch kulturelle und soziale Regeln wie zum Beispiel bestimmte Höflichkeitsformen sind wichtige Aspekte der pragmatischen Sprachkompetenz von Kindern.

Schon dreijährige Kinder lernen, dass sie warten müssen, bis sie mit dem Reden an der Reihe sind, dass es also einen Wechsel zwischen Sprechen und Zuhören gibt, das sogenannte „turn taking". Dreijährige Kinder, aber keine jüngeren Kinder, können zum Beispiel an der Sprachmelodie erkennen, ob ein Sprecher am Ende seiner Rede angekommen ist und nun bald das Gegenüber anfangen wird zu sprechen (Keitel et al. 2013).

Im Alter von vier Jahren können Kinder ihre Sprache prinzipiell an soziale Erwartungen anpassen. Sie können ihre Fragen besonders höflich formulieren, zum Beispiel gegenüber ihren Großeltern. Vorschulkinder können ihre Sprache auch dem Sprachverständnis anderer Kinder anpassen: Wenn sie ein neues Spielzeug entweder einem zweijährigen Kind oder einem Erwachsenen zeigen, so ändern sie nicht nur die Wortwahl sondern auch die Komplexität ihrer Sätze entsprechend ab.

Doch auch Vorschulkinder müssen noch viele pragmatische Kompetenzen erwerben. So gehen vierjährige Kinder im Vergleich zu siebenjährigen Kindern normalerweise davon aus, dass ihre eigenen Aussagen höchst informativ und eindeutig sind und dass Kommunikationsschwierigkeiten aufseiten des Zuhörers zu suchen sind. Vierjährige sind also nicht sensitiv gegenüber dem Informationsgehalt ihrer eigenen Aussagen und weniger als Siebenjährige bereit, diese zu verbessern, wenn ihr Gegenüber sie nicht versteht (Flavell et al. 1993).

4.4.2 Mehrsprachigkeit

Unter **Mehrsprachigkeit** versteht man die Fähigkeit des Menschen, mehr als nur eine Sprache zu erlernen. Lernt ein Mensch zwei Sprachen, so spricht man von Zweisprachigkeit oder Bilingualismus.

Ein Mensch wird nicht nur mit der Fähigkeit geboren, jede Sprache der Welt zu lernen, sondern auch, mehrere Sprachen gleichzeitig zu lernen. In Deutschland sprechen mindestens 66 % der Menschen mehr als eine Sprache, 28 % mehr als zwei (Europäische Kommission 2012). Damit ist Deutschland im Mittelfeld der europäischen Mehrsprachigkeit. Zum Vergleich: In den Niederlanden sprechen 94 % mehr als eine und 77 % mehr als zwei Sprachen. Doch Mehrsprachigkeit – vor allem die frühe Zweisprachigkeit Deutsch und Englisch – gewinnt immer mehr an Bedeutung, besonders auch im Kontext der vorschulischen Erziehung. Denn der Zeitpunkt, an dem die zweite oder weitere Sprache erworben wird, ist entscheidend: Je früher der Sprachlernbeginn, desto höher ist die zu erreichende Professionalität in der entsprechenden Sprache. Anders ausgedrückt: Die Fähigkeit zur Mehrsprachigkeit nimmt im Laufe der Entwicklung ab, d. h. je älter wir werden, desto schwerer fällt es uns, weitere Sprachen zu erwerben.

Erwirbt das Kind mehr als eine Sprache von Geburt an, z. B. wenn die Eltern ihre jeweiligen „Muttersprachen“ konsequent in der Kommunikation mit ihrem Kind verwenden, so führt dieser natürliche und simultane Spracherwerb dazu, dass das Kind diese beiden Sprachen als Muttersprachen spricht – man spricht von einem bilingualen Kind. Oft entsteht eine frühe Zweisprachigkeit auch dadurch, dass ein Kind mit Migrationshintergrund innerhalb seiner Familie eine Sprache spricht und mit seinen Freunden und im Kindergarten eine andere Sprache. Und schließlich ist unser Schulsystem auf den Erwerb mehrerer Sprachen angelegt. Spätestens ab dem Beginn der weiterführenden Schule, immer häufiger jedoch auch schon in der Grundschule, beginnt der gesteuerte Erwerb einer zweiten Sprache neben dem Deutschen. In allen Fällen von Zwei- oder Mehrsprachigkeit kann es dazu kommen, dass sich eine Sprache dominant herausbildet und besser beherrscht wird als die andere(n) Sprache(n).

Sprachentwicklung bilingualer Kinder

Ging man früher noch davon aus, dass ein bilingual aufwachsendes Kind zunächst ein Sprachsystem hat, in dem beide Sprachen gemischt sind, nimmt man heutzutage an, dass von Anfang an getrennte Sprachsysteme für die verschiedenen Sprachen existieren. Die sprachliche Entwicklung vollzieht sich somit für jede Sprache separat und entsprechend der Entwicklung monolingualer Kinder. Bei manchen bilingualen Kindern kommt es zu Sprachmischungen, Kombinationen von Wörtern und Sätzen aus den verschiedenen Sprachen. Diese Sprachmischungen passieren aber nicht, weil die Kinder nicht anders können, sind also nicht auf die Sprachkompetenz zurückzuführen, sondern die Kinder wollen in dem Augenblick ihre Sprachen mischen, z. B. weil sie dann schneller sprechen können und nicht nach den geeigneten Wörtern in der jeweiligen Sprache suchen müssen. Sprachmischungen kann man deshalb auch vor allem dann beobachten, wenn das Kind weiß, dass sein Gegenüber „seine" beiden Sprachen beherrscht.

Vorteile von Mehrsprachigkeit

Die frühere Annahme, dass der Erwerb einer zweiten oder weiteren Sprache dazu führen kann, dass die Beherrschung der Muttersprache leidet, wurde von dem Wissen abgelöst, dass dies nicht der Fall ist, sondern dass die Mehrsprachigkeit viele Vorteile besitzt. Bilingual aufwachsende Kinder schneiden zum Beispiel in Bezug auf ihre Exekutivfunktionen besser ab als monolingual aufwachsende Kinder (Kap. 4.3.1) (Barac / Bialystok 2012). Das Besondere ist, dass diese positiven Effekte der Bilingualität nicht nur im Erwachsenenalter bestehen bleiben, sondern dass sie scheinbar auch normale Alterungsprozesse verzögern können (Bialystok et al. 2004). Man geht also davon aus, dass Mehrsprachigkeit über die Lebensspanne hinweg positive Effekte auf die psychische Entwicklung des Menschen hat. Vor diesem Hintergrund ist verständlich, warum eine frühe Mehrsprachigkeit bei Kindern, die von Geburt an bilingual aufwachsen, auch in der Kindergartenzeit unbedingt beibehalten werden sollte und der Erwerb einer Zweitsprache, bei ansonsten monolingual aufwachsenden Kindern, so früh wie möglich gefördert werden sollte.

Die Förderung von Mehrsprachigkeit bedeutet aber nicht, dass man nur die jeweilige Landessprache – bei uns also Deutsch – fördert. Es sollten beide (alle) Sprachen eines Kindes gefördert werden. Besonders bei Kindern, die zu Hause eine andere Sprache als Deutsch sprechen und in der Kinderbetreuung und später in der Schule dann hauptsächlich mit dem Deutschen konfrontiert werden, ist es wichtig, auch ihre jeweilige Muttersprache zu fördern. Denn die Forschung hat gezeigt, dass eine Verbesserung der Muttersprache ebenfalls zu einer Verbesserung der Zweitsprache führt (Rivera Mindt et al. 2008).

Mehrsprachigkeit in der Kinderbetreuung

Laut einer Erhebung des Vereins für frühe Mehrsprachigkeit an Kindertageseinrichtungen und Schulen „FMKS e.v." hat sich die Anzahl der bilingualen Kindertagesstätten, in den letzten zehn Jahren, mehr als verdreifacht. Im Jahr 2014 meldeten 1.035 Kitas, dass sie neben dem Deutschen noch eine weitere Sprache vermittelten (Verein für frühe Mehrsprachigkeit an Kindertageseinrichtungen und Schulen 2014). Englisch ist die am häufigsten verwendete Zweitsprache (41 %), gefolgt von Französisch (30 %). In allen Kitas wird die zweite Sprache nach dem Immersionsprinzip gelehrt: Eine oder mehrere ErzieherInnen sprechen konsequent die weitere Sprache. Idealerweise sprechen die ErzieherInnen diese Sprache als Muttersprache oder auf muttersprachlichem Niveau. Die Kinder erfahren so auf natürliche Art und Weise eine weitere Sprache. Um den Kontakt mit der anderen Sprache zu intensivieren, werden oftmals Morgenkreise oder andere besondere Aktivitäten, die die Sprache in den Vordergrund rücken, angeboten (z. B. Halloween-Feiern auf Englisch).

4.4.3 Erstes Lesen und Schreiben

Kinder wachsen in einer Welt voller Buchstaben und Zahlen auf. Nicht nur in Büchern, sondern auch auf Schildern, Plakaten, Broschüren, Geschenken etc. begegnen ihnen Wörter und Nummern und so ist es nicht verwunderlich, dass Kinder auch früh ein Interesse an diesen zeigen. Bevor Kinder verstehen, dass Buchstaben eine Symbolfunktion haben, können sie scheinbar lesen: Kindergartenkinder können sich bekannte Buchstabenfolgen merken und diese erinnern. So können auch schon Dreijährige einfache Wörter wie „POST“ oder „PIZZA“ wiedererkennen.

Im Alter zwischen vier und sechs Jahren entwickeln Kinder ein Verständnis für den Symbolcharakter von Buchstaben und Zahlen – man spricht hier auch von Literacy.

Unter **Literacy** versteht man Kompetenzen, die für das Verständnis kulturüblicher Symbolsysteme und die Nutzung schriftbezogener Medien erforderlich sind. Neben Lese- und Rechtschreibkompetenzen gehören dazu unter anderem der Umgang mit Bildern und auch nichtschriftsprachlichen Symbolen, Vertrautheit mit Erzählschemata sowie Erzählkompetenzen.

Zunächst lernen Kindergartenkinder die einzelnen Buchstaben zu erkennen, manche Kinder meistern dies schon mit vier Jahren (zumindest die großen Druckbuchstaben). Interessierte Kinder werden Erwachsene darum bitten, ihnen Buchstaben und Wörter aufzuschreiben oder sie auffordern: „Was steht da? Lies das mal!“. Manche Kinder fangen dann auch an, Buchstaben oder Wörter nachzuschreiben, für manche ist das aber aufgrund ihrer feinmotorischen Entwicklung noch zu schwierig. Fast alle Kinder können jedoch vor dem Eintritt in die Schule ihren Namen schreiben. Eltern und Erzieherinnen und Erzieher dürfen die Kinder in ihrem Interesse an Buchstaben und Zahlen selbstverständlich unterstützen und ihre ersten Lese- und Schreibexperimente bestärken – es ist aber wichtig, dass dies spielerisch erfolgt. Wie Sie Literacy zu Hause und im Kindergarten leicht fördern können, erfahren Sie in Kapitel 5.1.2 „Frühe Förderung von Literacy“.

Spiegelschrift

Ein Phänomen, das man beobachten kann, wenn Kinder anfangen zu schreiben, ist die Spiegelschrift. Kinder schreiben dann manchmal von rechts nach links und spiegeln ganze Wörter wie auch einzelne Buchstaben. Spiegelschrift-Schreiben kommt bei rechtshändigen wie auch bei linkshändigen Kindern vor. Es ist eine normale Phase im Schreiblernprozess, die vermutlich darauf zurückzuführen ist, dass das Gehirn von Vorschulkindern richtig orientierte und gespiegelte Buchstaben für dieselben hält (Dehaene et al. 2010). Dafür spricht, dass Kinder Spiegelschrift auch lesen können. Meist verliert sich das Schreiben (und Lesen) in Spiegelschrift mit dem Eintritt in die Schule; es muss definitiv nicht abtrainiert werden und hat auch nichts mit mangelnder Aufmerksamkeit zu tun.

4.4.4 Fazit: Sprache

Kinder im Alter von vier bis sechs Jahren verfügen schon über eine differenzierte Sprache, aber sie machen auch weiterhin große Fortschritte in der Sprachentwicklung: Bis zum Schuleintritt verbessert sich die Aussprache von Kindern bis sie Erwachsenenniveau erreicht und der Wortschatz vergrößert sich, so dass er bei Sechsjährigen ca. 10.000 Wörter umfasst. Vorschulkinder lernen immer mehr grammatikalische Regeln und ihre pragmatische Sprachkompetenz erweitert sich. Immer häufiger lernen Kinder schon vor Beginn der Grundschulzeit eine zweite Sprache. Die Forschung hat gezeigt, dass ein früher Erwerb einer weiteren Sprache Vorteile mit sich bringt, die sich auf die gesamte Lebensspanne beziehen und dass es keinerlei negative Effekte auf die Muttersprache gibt. Doch Vorschulkinder meistern nicht nur die gesprochene Sprache, sie zeigen auch großes Interesse an Buchstaben und Zahlen. Ihre ersten Schreibversuche zeigen uns manchmal die Spiegelschrift – ein normales Phänomen des Schreibenlernens und ein faszinierender Einblick in die kindliche Entwicklung.

Siegler, R., DeLoache, J., Eisenberg, N. (2011): Die Entwicklung des Sprach- und Symbolgebrauchs. In: Siegler, R., DeLoache, J., Eisenberg, N. (Hrsg.): Entwicklungspsychologie im Kindes- und Jugendalter. Spektrum Akademischer Verlag, Heidelberg

1 Wie entwickelt sich die Sprache von Vorschulkindern?

2 Was ist Übergeneralisierung?

3 Sollte im Kindergarten eine weitere Sprache erlernt werden – diskutieren Sie!

4 Was bedeutet Literacy?

4.5 Soziales Denken und Handeln

Im Vorschulalter stehen Kinder vor wichtigen Entwicklungsaufgaben in Bezug auf ihre sozialen Beziehungen und Interaktionen. Sie lernen unter anderem, sich gedanklich in andere Menschen hineinzuversetzen, auch wenn diese eine Überzeugung haben, die nicht mit der Realität übereinstimmt. Sie entwickeln einen Sinn für Fairness und beginnen soziale Regeln und Normen nicht nur einzuhalten, sondern auch bei anderen durchzusetzen.

Die **Soziale Kognition** umfasst Prozesse und Fähigkeiten, die wir in Interaktionen mit anderen Personen nutzen. Dazu gehören die Wahrnehmung anderer Menschen und ihrer kommunikativen Signale, die gedankliche und emotionale Perspektivübernahme sowie die Fähigkeit, auf das Verhalten anderer in angemessener Weise zu reagieren.

Gesichter wahrnehmen

Einige Aspekte sozialer Kognition haben ihren Ausgangspunkt in der frühkindlichen Entwicklung, so z. B. die Wahrnehmung von Gesichtern. Aus Gesichtern können vielfältige Informationen abgelesen werden, unter anderem die Identität einer Person. Dies ist bereits für Säuglinge wichtig, um Bezugspersonen zu erkennen. Die Blickrichtung verrät, worauf unser Interaktionspartner gerade seine Aufmerksamkeit richtet. Anhand des Gesichtsausdrucks können Schlüsse über emotionale Zustände einer Person gezogen werden.

Im Laufe der ersten Lebensjahre werden weitere und komplexere Aspekte der sozialen Kognition erworben. So werden Gesichtsausdrücke benutzt, um etwas über Dinge in der Umgebung zu lernen. Besonders wichtig ist es, aus negativen Emotionsausdrücken Wissen über Gefahren zu erwerben. Bereits gegen Ende des ersten Lebensjahres suchen Säuglinge gezielt nach solchen Informationen, wenn sie sich in einer unvertrauten Situation unsicher fühlen. Sie passen ihr eigenes Verhalten an die emotionalen Signale Erwachsener an. So berühren sie ein unbekanntes Spielzeug weniger, wenn ein Erwachsener zuvor mit Angst oder Ekel darauf reagiert hat

(Mumme/Fernald 2003). Dieses Verhalten bezeichnet man als „soziales Referenzieren".

geteilte Aufmerksamkeit

Ein weiterer wichtiger Aspekt sozialer Kognition, der Lernen in sozialen Interaktionen ermöglicht, ist die „geteilte Aufmerksamkeit". Damit ist gemeint, dass beide Interaktionspartner den gleichen Aufmerksamkeitsfokus haben und sich dessen auch jeweils bewusst sind. Die Fähigkeit zur geteilten Aufmerksamkeit gegen Ende des ersten Lebensjahres steht mit der Sprachentwicklung im Alter von zwei bis drei Jahren in Zusammenhang (Kristen et al. 2011). Unter anderem verfügen Kinder, die mit neun Monaten durch Folgen einer Zeigegeste geteilte Aufmerksamkeit herstellen können, im Alter von zwei bis drei Jahren über ein größeres Vokabular zur Beschreibung mentaler Zustände (z. B. „denken", „wollen"). Diese Beobachtung spricht für die Annahme, dass sich verschiedene Aspekte sozialer Kognition und Kommunikation nicht unabhängig voneinander entwickeln, sondern aufeinander aufbauen.

Intentionen

Nicht zuletzt beinhaltet soziale Kognition, sich über die Handlungen anderer Menschen und die ihnen zugrunde liegenden Intentionen (also Handlungspläne und -ziele) Gedanken zu machen. Dies ist unter anderem wichtig, um Vorhersagen über zukünftiges Verhalten treffen zu können und gegebenenfalls das eigene Verhalten entsprechend anzupassen. So versuchen wir sinnvollerweise herauszufinden, ob jemand, der uns schon einmal geschadet hat, dies mit Absicht oder aus Versehen getan hat, um entscheiden zu können, ob wir der Person weiterhin vertrauen sollen. Bereits neun Monate alte Säuglinge reagieren geduldiger, wenn ein Erwachsener ihnen ein Spielzeug deshalb nicht gibt, weil er beim Versuch dazu scheitert, als wenn er sie offensichtlich necken will und gar nicht vorhat, das Spielzeug an sie abzugeben (Behne et al. 2005).

Im Folgenden widmen wir uns Aspekten sozialer Kognition, die im Vorschulalter wichtige Veränderungen durchlaufen. Zunächst beschäftigen wir uns mit der sogenannten „Theory of Mind", also der Fähigkeit sich gedanklich in andere Menschen hineinzuversetzen. Anschließend wenden wir uns dem Thema Fairness zu. Zuletzt betrachten wir das gemeinsame Spielen und in Zusammenhang damit das Lernen und Durchsetzen von Regeln.

4.5.1 Entwicklung der Theory of Mind

Wünsche verstehen

Im Alltag versetzen wir uns häufig wie selbstverständlich in die Perspektiven unserer Mitmenschen hinein. Manchmal tun wir das ganz gezielt, etwa wenn wir überlegen, welches Geschenk einem Freund zum Geburtstag eine

Freude bereiten würde. In anderen Fällen geschieht das fast intuitiv, beispielsweise wenn wir bemerken, dass ein Bekannter ein Gespräch beenden möchte, indem er wiederholt auf seine Uhr schaut. In beiden Fällen handelt es sich um Beispiele für eine „Theory of Mind“, also eine „Theorie des Geistes“, abgekürzt auch als „ToM“ bezeichnet.

Die ToM beinhaltet unter anderem ein Verständnis für die Wünsche anderer Menschen, auch wenn diese sich von den eigenen Wünschen unterscheiden. So gelingt es bereits Anderthalbjährigen, einer Puppe Brokkoli anzubieten, die das Gemüse laut eigener Aussage sehr mag, obwohl die Kinder selbst einen Keks bevorzugen würden (Repacholi/Gopnik 1997). Mit 14 Monaten schafften das Kinder in der gleichen Studie noch nicht. Immerhin ist dafür die Fähigkeit erforderlich, die eigenen Präferenzen zurückzustellen und die Tendenz zu unterdrücken, von den eigenen Wünschen auf die einer anderen Person zu schließen.

Überzeugungen verstehen

Noch schwieriger wird es, wenn die ToM sich auf die Überzeugungen unserer Mitmenschen bezieht, besonders wenn diese nicht mit der Realität übereinstimmen. Sich über das Wissen und die Überzeugungen anderer Menschen Gedanken zu machen, kann helfen, deren Verhalten vorherzusagen. So gehen wir davon aus, dass jemand dort nach einem Gegenstand sucht, wo er ihn vermutet. Dies muss nicht notwendigerweise der Ort sein, an dem sich der Gegenstand tatsächlich befindet.

falsche Überzeugungen verstehen

Es kommt also vor, dass jemand basierend auf einer falschen Überzeugung handelt. Um das zu verstehen, muss man mehrere Dinge gleichzeitig bedenken können: 1. das eigene Wissen, welches auf der Realität beruht und 2. die vermutete Überzeugung einer anderen Person, die nicht mit der Realität übereinstimmt. Das Verständnis falscher Überzeugungen setzt somit voraus, dass Kinder mentale Zustände von der Realität abgrenzen, also innere und äußere Zustände voneinander unterscheiden können.

Kindern wird in dem Experiment **Maxi und die Schokolade** folgende Geschichte erzählt: **Maxi** legt ein Stück Schokolade in den Küchenschrank und geht spielen. In seiner Abwesenheit nimmt seine Mutter die Schokolade aus dem Schrank und legt sie in eine Schublade. Dann kommt Maxi zurück. Wo wird er nach der Schokolade suchen? Vierjährige antworten in der Regel richtig, dass er dort suchen wird, wo er die Schokolade fälschlich vermutet, also im Schrank. Dreijährige antworten meistens, dass er dort suchen wird, wo die Schokolade tatsächlich liegt, also in der Schublade. Sie haben kein explizites (sprachlich ausdrückbares) Verständnis für falsche Überzeugungen (Wellman et al. 2001).

Eine falsche Überzeugung kann sich nicht nur auf den Aufenthaltsort eines Gegenstands beziehen, sondern z. B. auch auf den Inhalt eines Behälters.

In der sogenannten **Schein-Realität-Aufgabe** wird den Kindern eine Smarties-Schachtel gezeigt und sie werden gefragt, was sie darin vermuten. Die Kinder gehen natürlich zunächst davon aus, dass sich darin die bekannten bunten Süßigkeiten verbergen und sind dementsprechend überrascht, wenn stattdessen Buntstifte herausfallen. Werden sie dann gefragt, was wohl ein anderes Kind in der Schachtel vermute, das noch nicht hineingeschaut hat, antworten die meisten Dreijährigen: „Buntstifte!" (Gopnik/Astington 1988).

Sogar wenn sie gefragt werden, was sie selbst zu Beginn des Versuchs über den Inhalt der Schachtel gedacht hatten, beharren sie darauf, sie hätten schon gewusst, dass Buntstifte in der Schachtel sind. Sie können sich anscheinend nicht vorstellen, selbst einmal eine Überzeugung gehabt zu haben, die nicht mit der Realität übereinstimmt. Vierjährige lösen auch diese Aufgabe dagegen in der Regel richtig.

sprachliche Kompetenzen

Wie kommt es zu dieser Entwicklung um den vierten Geburtstag herum? Zum einen erfordern Aufgaben zum Verständnis falscher Überzeugungen sprachliche Kompetenzen, z. B. das Verständnis von Wörtern, die sich auf mentale Zustände und Vorgänge beziehen wie „denken", d. h. eine sogenannte „mental state language".

Hemmung von Impulsen

Zum anderen wird die Fähigkeit benötigt, vorschnelle naheliegende Antworten zu unterdrücken. Die Kinder wissen ja, wo die Schokolade versteckt ist und was tatsächlich in der Smarties-Schachtel drin ist; genau das sollen sie aber nicht sagen. So verwundert es nicht, dass die Fähigkeit, solche Aufgaben richtig zu lösen, sowohl mit der Entwicklung von sprachlichen Kompetenzen (insbesondere „mental state language") als auch mit inhibitorischer Kontrolle (d. h. der Hemmung von Impulsen und Antworttendenzen) (Kap. 4.3.1) zusammenhängt (Saxe et al. 2004).

Konzept entwickeln

Ferner vermuten einige Forscher, dass Kinder etwa im Alter von vier Jahren ein Konzept für die mentalen Zustände anderer Menschen entwickeln. Somit verstehen sie erstmals, dass andere Personen über eine mentale Welt verfügen, die nicht mit ihrer eigenen identisch ist (Wellman et al. 2001).

ToM erster und zweiter Ordnung

Mit vier Jahren entwickeln Kinder zunächst eine ToM erster Ordnung (z. B. „Maxi denkt, die Schokolade ist im Schrank"). Noch etwas länger dauert es bis eine ToM zweiter Ordnung erworben wird: Erst mit ca. sechs Jahren beginnen Kinder zu verstehen, was andere Menschen über die mentalen Zustände Dritter denken (z. B. „Maxis Mutter weiß, dass Maxi denkt, die Schokolade sei im Schrank"). Beide Ebenen der ToM hängen eng mit der Fähigkeit zu Lüge und Täuschung zusammen.

Theory of Mind und die Fähigkeit zu lügen

Bereits mit zwei bis drei Jahren „lügen" Kinder, vor allem, wenn sie etwas getan haben, was sie eigentlich nicht sollten. In diesem Alter sind Lügen jedoch noch selten und es ist nicht klar, ob es sich um bewusste Täuschung handelt oder vielmehr um Wunschdenken. Mit ca. vier Jahren lügen die meisten Kinder, wenn es darum geht, eigenes Missverhalten zu vertuschen, insbesondere wenn sie bereits über eine ToM erster Ordnung verfügen. Sie können dann bewusst zwischen der Realität und dem Wissensstand einer anderen Person unterscheiden und dadurch auch die Überzeugungen anderer gezielt manipulieren. Erst mit sechs bis acht Jahren lügen Kinder jedoch überzeugend und konsistent; jüngere Kinder verraten sich oft selbst (z.B. erzählen sie auf Nachfrage, was in der Keksdose war, obwohl sie nicht drangehen sollten und es daher gar nicht wissen dürften). Erst wenn sie über eine ToM zweiter Ordnung verfügen, können Kinder den Wissensstand einer anderen Person und deren Überzeugungen über den vermeintlichen eigenen Wissensstand gleichzeitig bedenken und sich beispielsweise auf Nachfrage „dumm stellen" (Talwar/Lee 2008).

4.5.2 Wie fair sind Kinder?

Teilen und abgeben

Menschliche Gesellschaften beruhen auf Kooperation und darauf, dass wir uns anderen gegenüber grundsätzlich fair verhalten. Mit anderen Menschen zu teilen bzw. ihnen etwas abzugeben, entspricht gesellschaftlichen Normen, mit denen Kinder schon früh vertraut gemacht werden. In einer Schweizer Studie mit 229 drei- bis achtjährigen Kindern wurde untersucht, ab wann Kinder eine Gleichverteilung von Süßigkeiten zwischen sich und einem anderen, unbekannten Kind gegenüber einer Ungleichverteilung bevorzugen (Fehr et al. 2008). Drei bis vier Jahre alte Kinder verhielten sich vorwiegend eigennützig und nahmen lieber zwei Süßigkeiten für sich selbst, als eine davon abzugeben. Zwischen fünf und acht Jahren stieg die Bereitschaft kontinuierlich an (immerhin auf 45 %), zugunsten eines anderen Kindes auf ein Bonbon für sich selbst zu verzichten. Die VersuchsteilnehmerInnen waren eher bereit, etwas abzugeben, wenn das andere Kind (obwohl unbekannt) dem eigenen Kindergarten bzw. der eigenen Schule angehörte. Die ältesten Kinder in dieser Studie pochten interessanterweise vor allem dann auf Gleichverteilung, wenn sie selbst sonst weniger abbekommen hätten: zu 80 % bevorzugten sie eine Verteilung von je einem Bonbon pro Kind, wenn die Alternative hieß, ein Bonbon für sich selbst und zwei für das andere Kind. Die Studie zeigt, dass Kinder im Laufe der Vorschul- und Grundschulzeit zunehmend Gleichverteilungen bevorzugen, auch wenn sie selbst dafür etwas opfern müssen.

Es spielt beim Teilen eine große Rolle, wer der Empfänger ist. Auch jüngere Kinder sind durchaus bereit, etwas abzugeben, sofern es sich um einen Freund handelt. In einer weiteren Studie wurden 66 viereinhalb bis sechs Jahre alte Kinder getestet (Moore 2009). Die Kinder konnten wieder entscheiden, ob sie mit einem anderen Kind teilen wollten oder nicht; diesmal ging es um Sticker (Abb. 10). Wenn es sich beim anderen Kind um einen Freund handelte, waren viele Kinder bereit, auf einen Sticker für sich selbst zu verzichten, um dem anderen Kind einen abzugeben. Das war nicht der Fall, wenn sie das andere Kind nicht kannten oder wenn sie es zwar kannten, aber nicht zu ihren Freunden zählten. In einigen Versuchsdurchgängen konnten die Kinder sich „prosozial“ verhalten, ohne selbst Sticker opfern zu müssen. Sie konnten sich dann dafür entscheiden, dass sie selbst und das

Abb. 10: Kind bei einer Fairness-Aufgabe, in der es Sticker an sich selbst und ein zweites nicht anwesendes Kind verteilen soll

andere Kind je einen Sticker bekamen oder alternativ bestimmen, dass nur sie selbst einen Sticker bekamen. Bei ihren eigenen Freunden und bei fremden Kindern wählten sie in der Regel die erste Alternative, so dass jeder einen Sticker bekam. Bei Kindern, die sie kannten, mit denen sie aber nicht befreundet waren, entschieden sie sich eher dafür, nur selbst einen Sticker zu bekommen.

Das ist interessant, denn sozialer Austausch kann nur dann zustande kommen, wenn einer der beiden Interaktionspartner dem anderen als Erster ein Zugeständnis macht oder etwas schenkt. Dieser kann sich dann revanchieren usw. Anscheinend sind schon viereinhalb- bis sechsjährige Kinder bereit, einem Fremden etwas zu schenken, wenn es sie selbst nichts kostet und somit einen potentiellen sozialen Austausch in Gang zu bringen. Bei Bekannten, mit denen sie nicht befreundet sind, tun sie das nicht, auch wenn es sie nichts kosten würde.

prosoziales Verhalten

Leider ist noch relativ wenig darüber bekannt, wie prosoziales Verhalten und die Bereitschaft zu teilen bei Kindern entsteht. Als wichtige Faktoren werden in der Literatur vor allem Modelllernen (also Lernen durch die Beobachtung anderer Menschen, die sich prosozial verhalten) und evolutionär entwickelte Verhaltenstendenzen diskutiert. Lernen durch gezielte Belohnung von fairem und prosozialem Verhalten (z.B. durch Eltern und ErzieherInnen) scheint dagegen eine eher untergeordnete Rolle zu spielen. Es gibt sogar Hinweise darauf, dass die Belohnung von prosozialem Verhalten einen gegenteiligen Effekt hat. Schon Kleinkinder helfen anderen Menschen oft spontan und scheinen von sich aus motiviert zu sein, das zu tun. Werden sie dafür belohnt, kann das ihre ursprüngliche Motivation sogar schmälern.

In einer Studie mit 20 Monate alten Kleinkindern wurde ein Teil der Probanden mit einem Spielzeug belohnt, wenn sie einem Erwachsenen halfen, etwas aufzuheben (Warneken/Tomasello 2008). Später, wenn es für das Helfen keine Belohnung mehr gab, waren die Kinder, die zuvor belohnt wurden, weniger bereit dem Erwachsenen zu helfen, als die Kinder, die nie eine Belohnung für ihre Hilfsbereitschaft bekamen. Helfen ist für sich genommen eine angenehme und lohnende Tätigkeit. Dafür noch zusätzlich materiell belohnt zu werden, kann von dieser „inneren" Belohnung ablenken, was dazu führt, dass die Kinder helfendes Verhalten nur noch zeigen, wenn sie etwas dafür bekommen. Verbales Lob hatte in dieser Studie übrigens keinen Effekt auf das prosoziale Verhalten der Kinder. In einer früheren Studie wurde allerdings auch bei verbalem Lob oder Dank für prosoziales Verhalten durch die Eltern im Alter von dreieinhalb bis viereinhalb Jahren eine verringerte Hilfsbereitschaft anderen Kindern gegenüber festgestellt (Eisenberg et al. 1992).

4.5.3 Gemeinsames Spielen

Spielen im Vorschulalter

Spielen ist in der Kindheit und darüber hinaus eine wichtige Beschäftigung, die zum einen der Erkundung der Umwelt und dem Erlernen neuer Fertigkeiten in einem geschützten Kontext dient. Zum anderen werden durch das Spielen soziale Beziehungen aufgebaut und gestärkt und auch die sozialen Fertigkeiten im Umgang mit den Mitspielern geübt. Es wird also zusätzlich soziale Kognition erprobt. So bilden sich in Kindertagesstätten erste Freundschaften, die zunächst noch hauptsächlich darauf beruhen, dass man zusammen spielt (Kap. 2.3.2). Wie oben erwähnt, sind Freunde aber auch schon für Vierjährige zudem Menschen, mit denen man eher bereit ist zu teilen.

Parallelspiel

In Kindertagesstätten spielen Zweijährige noch relativ wenig direkt miteinander. In diesem Alter spielen Kinder die meiste Zeit entweder allein oder im sogenannten Parallelspiel (Parten / Newhall 1943). Dabei beschäftigen sich mehrere Kinder mit ähnlichem Spielzeug und befinden sich in räumlicher Nähe zueinander, sie mischen sich aber nicht in das Spiel des jeweils anderen ein und interagieren dabei wenig oder gar nicht miteinander.

assoziatives und kooperatives Spiel

Bis zum Alter von fünf Jahren nimmt diese Form des Spielens immer mehr ab und Kinder verbringen zunehmend mehr Zeit im assoziativen und kooperativen Spiel. Im assoziativen Spiel beschäftigt sich immer noch jedes Kind für sich mit etwas, aber die Kinder unterhalten sich dabei und tauschen Spielzeuge untereinander aus.

Max, **Lena** und **Karla** sitzen zusammen im Sandkasten. Während Max Sandkuchen backt, gräbt Lena ein Loch und Karla füllt einen Eimer mit Sand. Jedes Kind spielt für sich, verfolgt dabei aber genau mit, was die anderen gerade machen. So tauschen Lena und Karla zwischendurch die Schaufeln miteinander und Karla borgt Max eines ihrer Förmchen aus.

Beim kooperativen Spiel handelt es sich schließlich um ein wirklich gemeinsames Spielen, bei dem sich die Handlungen der einzelnen Mitspieler aufeinander beziehen und untereinander koordiniert werden.

Nachdem **Max**, **Lena** und **Karla** eine Weile im Sandkasten gespielt haben, macht Lena den Vorschlag, gemeinsam eine große Sandburg zu bauen. Sie beginnt sofort, den Burggraben auszuheben. Karla formt mit ihrem Eimer große Türme aus feuchtem Sand, den Lena aus dem Burggraben schaufelt. Max' Aufgabe ist es, die fertigen Türme mit Steinen und Ästchen zu dekorieren, die er sogleich sammeln geht.

Diese Form des Spielens tritt erst ab einem Alter von ca. drei Jahren regelmäßig auf und wird von da an im Vergleich zu den anderen Formen des Spielens immer häufiger gezeigt.

Rollenspiel

Eine besonders komplexe Form des assoziativen Spiels ist das Rollenspiel, bei dem Kinder sich mit Verhaltensweisen und sozialen Rollen Erwachsener vertraut machen, z. B. beim Kaufladenspiel. Rollenspiele erfordern, dass sich mehrere Kinder gemeinsam oder auch mit Erwachsenen vom aktuellen realen Kontext lösen und auf ein zeitweiliges Dasein in einer Fantasiewelt verständigen („so tun als ob"). Oft geht dies mit sogenanntem Symbolspiel einher, bei dem Alltagsgegenständen vorübergehend andere Funktionen zugeschrieben werden, z. B. wird die Banane zum Telefon umfunktioniert oder der Bauklotz zur Haarbürste (Rakoczy 2007).

Regeln lernen

Im gleichen Alter, in dem Kinder beginnen, sich im Spiel miteinander zu koordinieren und aufeinander zu beziehen, werden auch Regeln immer wichtiger für sie. Es wird vermutet, dass Kinder im Spiel den Umgang mit gesellschaftlichen Konventionen erlernen und in einem überschaubaren Rahmen üben können (Rakoczy 2007). Beim Symbolspiel sind die Regeln noch flexibel und werden häufig unmittelbar während des Spiels entwickelt und verändert. Anders beim Regelspiel: Hier sind die Regeln von vornherein festgelegt und konstitutiv für das jeweilige Spiel (z. B. Schach). Einfache Regelspiele werden ab etwa drei Jahren gespielt.

Dreijährige wurden mit dem fiktiven **Spiel Daxen** vertraut gemacht, bei dem ein Holzklotz mit einem bestimmten Werkzeug auf eine Stelle verschoben wird. Der Versuchsleiter machte dabei hin und wieder einen Fehler und bemerkte dann „Ups! So geht Daxen aber nicht!". Nachdem auch die Kinder selbst einmal gedaxt hatten, kam eine Puppe dazu, die laut verkündete, nun ebenfalls daxen zu wollen. Stattdessen machte sie aber etwas ganz anderes als das, was die Kinder zuvor als das Spiel kennengelernt hatten. Etwa die Hälfte der Dreijährigen protestierte laut gegen die Puppe und äußerte z. B. „So geht das nicht!" oder „Du machst das falsch!" (Rakoczy 2007).

Regeln lernen und durchsetzen

Schon Dreijährige befolgen soziale Konventionen also nicht nur, sondern sie fördern auch aktiv deren Durchsetzung bzw. versuchen, Verstöße zu unterbinden.

moralische Konventionen

Regeln im Spiel unterscheiden sich insofern von moralischen Konventionen, als sie grundsätzlich willkürlich sind und ihre Umsetzung nur von Angehörigen einer Gruppe, denen das jeweilige Spiel vertraut ist, erwartet werden kann. Moralische Normen sind dagegen als universell zu betrachten und nicht als willkürlich, da Verstöße direkt das Wohlergehen anderer Menschen beeinträchtigen. Auch diese Unterscheidung gelingt bereits Dreijährigen. In einer Studie protestierten sie eher gegen einen Regelverstoß im Spiel, wenn er von einem Mitglied der eigenen Gruppe begangen wurde, als von einem Außenstehenden, dem das Spiel womöglich gar nicht bekannt war (Schmidt et al. 2012). Bei einem Verstoß gegen moralische Konventionen (z. B. der mutwilligen Zerstörung des Eigentums einer anderen Person) protestierten sie dagegen unabhängig von der Gruppenzugehörigkeit des Täters. Dreijährige scheinen moralische Konventionen demnach grundsätzlich vorauszusetzen und tolerieren Verstöße dagegen auch nicht von Außenstehenden, denen spezifische Konventionen der eigenen Gruppe (z. B. willkürliche Spielregeln) nicht bekannt sind.

4.5.4 Fazit: Soziales Denken und Handeln

In diesem Kapitel haben Sie verschiedene Aspekte der sozialen Kognition kennengelernt und etwas über die Entwicklung dazu gehörender Fähigkeiten in der Vorschulzeit erfahren. Die gedankliche Perspektivübernahme scheint dabei eine ganz grundlegende Rolle zu spielen, auf der andere Fähigkeiten, wie z. B. das Lügen, aufbauen. Kinder sind von klein auf motiviert, sich prosozial zu verhalten und anderen zu helfen, auch wenn kostspieliges Teilen ihnen im frühen Vorschulalter zunächst noch schwerfällt. Beachtenswert ist, dass gute Vorbilder prosoziales Verhalten eher begünstigen, als eine Belohnung desselben, welche sogar spätere Hilfsbereitschaft schmälern kann.

Sodian, B., Eisenbeis, H., Meinhardt, J. (2012): Entwicklung der Theory of Mind in der Kindheit. In: Förstl, H. (Hrsg.): Theory of Mind: Neurobiologie und Psychologie sozialen Verhaltens. Springer, Heidelberg

1 Was ist die Theory of Mind und wie kann man sie experimentell untersuchen?

2 Wie hängt die Theory of Mind mit der Fähigkeit zu lügen zusammen?

3 Ab wann teilen Kinder fair?

4 Welche Arten von Spielen werden im Vorschulalter gespielt?

4.6 Emotionen und Emotionsregulation

Im Vorschulalter gehen Kinder zunehmend Beziehungen zu Personen außerhalb ihrer Familie ein, beispielsweise mit Spielkameraden und ErzieherInnen im Kindergarten. Eine wichtige Entwicklungsaufgabe in diesem Alter besteht darin, die Emotionen anderer Menschen richtig einzuschätzen und Wissen darüber zu erwerben, wodurch Emotionen ausgelöst und verändert werden können. Gleichzeitig entwickeln sich soziale Emotionen, wie Scham und Stolz, die von der Bewertung des eigenen Verhaltens durch andere Personen abhängen. Schließlich entwickeln Vorschulkinder Strategien, ihre eigenen Emotionen und deren Ausdruck zu regulieren und sozialen Erwartungen anzupassen.

4.6.1 Basisemotionen

Emotionen sind affektive Zustände, die einen inneren oder äußeren Auslöser haben und sich physiologisch beispielsweise in einer Änderung der Herzschlagrate und in der Ausschüttung bestimmter Hormone äußern. Emotionen werden unter anderem durch Mimik und Körperhaltung ausgedrückt und beeinflussen unser Handeln maßgeblich. Als Gefühle werden die subjektiven Empfindungen bezeichnet, die mit Emotionen einhergehen.

Basisemotionen sind grundlegende Emotionen, die sich nicht aus mehreren anderen Emotionen zusammensetzen. Dazu gezählt werden Ärger, Furcht, Ekel, Traurigkeit, Fröhlichkeit und von manchen Forschern auch Überraschung. Es wird angenommen, dass sich die Basisemotionen evolutionär entwickelt haben und daher universell in allen menschlichen Gesellschaften in ähnlicher Form auftreten und ähnlich ausgedrückt werden.

Es gibt unterschiedliche Ansichten darüber, ob Kinder bereits mit der Fähigkeit zur Empfindung und zum Ausdruck unterscheidbarer Basisemotionen auf die Welt kommen. Laut einer einflussreichen Theorie der Emotionsentwicklung empfinden bereits Säuglinge eine Reihe differenzierbarer Basisemotionen, die sich in klar unterscheidbaren Gesichtsausdrücken äußern (Izard 1971). Andere Forscher gehen davon aus, dass Säuglinge zunächst eher undifferenzierte affektive Zustände erleben, die sich erst später durch Erfahrungen in sozialen Interaktionen mit anderen Menschen ausdifferenzieren (Sroufe 1996). Im Vorschulalter kann jedoch davon ausgegangen werden, dass Kinder verschiedene Basisemotionen und auch zunehmend komplexere soziale Emotionen erleben und unterschiedlich ausdrücken. Allerdings lernen Kinder in diesem Alter noch viel über die emotionalen Zustände anderer Menschen und entwickeln Strategien, um ihre eigenen Emotionen zu regulieren.

Gesichtsausdrücke erkennen und benennen

Den emotionalen Zustand einer Person erschließen wir unter anderem aus ihrem Gesichtsausdruck. Dieser ist bei Basisemotionen sehr spezifisch für die jeweilige Emotion. Zwischen zwei und fünf Jahren gelingt es Kindern immer besser, emotionale Gesichtsausdrücke richtig einzuschätzen und die dazugehörigen Emotionen zu benennen (Wellman et al. 1995). Fröhliche, wütende und traurige Gesichtsausdrücke werden meist als erste richtig erkannt und benannt, gefolgt von Furcht, Überraschung und Ekel, die erst etwas später in der Entwicklung bezeichnet werden können. Kinder neigen anfangs dazu, verschiedene negative Emotionsausdrücke miteinander zu verwechseln und neutrale Gesichtsausdrücke als traurig zu interpretieren. Manche Forscher vermuten daher, dass Kinder zunächst breitere Kategorien von Emotionen benutzen (z. B. positiv und negativ) und erst später lernen, auch Emotionsausdrücke innerhalb dieser Kategorien zu differenzieren (Widen / Russel 2003).

Wissen über Auslöser von Emotionen

Kinder lernen im Vorschulalter nicht nur, Emotionen anhand von Gesichtsausdrücken richtig einzuschätzen und zu benennen. Auch ihr Wissen über Auslöser von Emotionen und verschiedene Einflussfaktoren auf deren Empfindung und Ausdruck verändert sich in der frühen und mittleren Kindheit maßgeblich.

Mithilfe von Kurzgeschichten, Bildern und Cartoons wurde das Wissen über Emotionen bei Kindern zwischen drei und elf Jahren untersucht (Pons et al. 2004). Im Alter von fünf Jahren hat die Mehrzahl der Kinder bereits ein Verständnis für die externen Ursachen von Emotionen erworben:

In einer Aufgabe wird **Lukas** das Bild eines Jungen gezeigt, dessen Gesicht man nicht sehen kann. Es wird erklärt, dass der Junge gerne ein Bild malen möchte, sein kleiner Bruder ihn aber ständig davon abhalte. Darauf folgt die Frage: „Wie fühlt sich der Junge?". Der Versuchsleiter zeigt nacheinander auf vier abgebildete Gesichtsausdrücke: „Fühlt sich der Junge glücklich? Fühlt er sich ganz ok (neutral)? Wütend? Ängstlich?". Mit fünf Jahren beantworten 65 % der Kinder diese Art von Fragen richtig und ab sieben Jahren gelingt dies fast allen Kindern.

Mit fünf Jahren verstehen die meisten Kinder auch schon, dass Emotionen nicht nur durch akute Situationen, sondern auch durch Erinnerungen ausgelöst werden können, beispielsweise wenn jemand das Foto eines verstorbenen Haustiers sieht. Fünfjährige können auch nachvollziehen, dass zwei Personen sich in der gleichen Situation durchaus unterschiedlich fühlen können, wenn sie unterschiedliche Wünsche haben. So freut sich die eine Person vielleicht, wenn es Spinat zum Mittagessen gibt, während jemand anderes darüber eher traurig ist.

Mit sieben Jahren wird von den meisten Kindern begriffen, dass Emotionen anderer Personen mehr von deren mentalen Zuständen abhängen (z. B. Überzeugungen) als von der Realität. So ist ein Hase, der noch nichts von einem Fuchs weiß, der sich im Gebüsch versteckt, nicht ängstlich, sondern freut sich vielleicht noch über eine Karotte. Siebenjährige wissen auch, dass Emotionen vorgetäuscht werden können. Hier spiegelt sich die Entwicklung der Theory of Mind in diesem Alter wider, also der Fähigkeit sich gedanklich in andere Menschen hineinzuversetzen (Kap. 4.5.1).

Erst mit etwa neun Jahren verstehen die meisten Kinder, dass eine Situation auch gemischte Gefühle hervorrufen kann. Zum Beispiel könnte sich ein Kind zwar über ein neues Fahrrad freuen, hat aber womöglich gleichzeitig Angst, damit hinzufallen. In diesem Alter erwerben Kinder auch Wissen über mögliche Strategien der Emotionsregulation und verstehen, dass unmoralische Handlungen, auch wenn sie zum gewünschten Ziel führen, negative Gefühle verursachen können (z. B. wenn ein Kind sich ohne zu fragen Süßigkeiten von einem anderen Kind nimmt und später ein schlechtes Gewissen hat).

4.6.2 Soziale Emotionen

Soziale Emotionen sind komplexe Emotionen, die davon abhängen, wie andere das eigene Verhalten und die eigenen Leistungen bewerten bzw. bewerten würden.

Die vierjährige **Ella** freut sich, dass sie zum ersten Mal ein schwieriges Puzzle gelöst hat. Sie schaut sich zunächst um, ob jemand ihren Erfolg beobachtet hat. Als sie sich der Aufmerksamkeit ihres Vaters sicher ist, hebt sie triumphierend die Faust in die Luft und ruft: „Ich hab's geschafft!".

Scham und Stolz

Scham und Stolz werden als gegensätzliche Emotionen angesehen, die davon abhängen, ob das eigene Handeln und dessen Resultate mit anerkannten Wertmaßstäben übereinstimmen oder nicht (Holodynski 2006). Stolz drückt sich unter anderem durch Lächeln mit erhobenem Kopf und aufgerichtetem Körper sowie in triumphierenden Gesten (beispielsweise Hände in die Luft strecken oder klatschen) und mit dem Präsentieren der eigenen Leistung aus. Scham geht dagegen mit einer zusammengesunkenen Körperhaltung, dem Vermeiden von Blickkontakt bis hin zum Verbergen des Gesichts und dem Äußern negativer Selbstbewertungen einher.

Im Vorschulalter treten Stolz und Scham zunächst nur in Anwesenheit anderer Menschen auf. Wenn Kinder in diesem Alter allein sind, zeigen sie in Reaktion auf Erfolge Freude und bei Misserfolg Ärger oder Enttäuschung, also vorwiegend Basisemotionen, aber noch nicht die sozialen Emotionen Stolz und Scham. Vermutlich haben Vorschulkinder allgemeine Wertmaßstäbe noch nicht verinnerlicht und empfinden soziale Emotionen nur in einem tatsächlich sozialen Kontext. Wenn sie bei einer Aufgabe von anderen Menschen beobachtet werden, sind Vorschulkinder zudem wesentlich ausdauernder und tolerieren mehr Misserfolge, als wenn sie allein sind. Eine größere Ausdauer zeigen Kinder vor allem dann, wenn sie explizit für ihre Leistungen gelobt und bei Schwierigkeiten ermutigt werden. Werden dagegen aber statt der Erfolge des Kindes seine Misserfolge hervorgehoben („Kannst du das nicht?"), dann reagieren Kinder häufiger mit Scham und zeigen eine geringere Ausdauer bei der Aufgabenbearbeitung (Holodynski 2006).

4.6.3 Die Entwicklung der Emotionsregulation

Emotionsregulation ist die Fähigkeit, auf die eigenen Emotionen Einfluss zu nehmen. Emotionen können in ihrer Intensität gesteigert oder vermindert werden. Es kann zudem die Qualität einer Emotion verändert werden oder auch der Ausdruck einer Emotion moduliert werden.

Eine enorm wichtige Entwicklungsaufgabe besteht darin, die eigenen Emotionen und deren Ausdruck zu regulieren und sozialen Erfordernissen und

Erwartungen entsprechend anzupassen. Während von einem Säugling kaum erwartet wird und auch nicht erwartet werden kann, beispielsweise seinen Ärger zu kontrollieren, wenn er länger auf sein Essen warten muss, wird von Vorschulkindern durchaus verlangt, die Befriedigung ihrer Bedürfnisse auch mal aufschieben zu können und vor allem ihren negativen Emotionen nicht uneingeschränkt freien Lauf zu lassen. Tatsächlich ist das Vorschulalter der Lebensabschnitt, in dem zahlreiche Strategien zur Emotionsregulation entwickelt werden, wobei die erfolgreiche Anwendung dieser Strategien noch ins Jugend- und Erwachsenenalter hinein trainiert und verbessert wird.

von der Ko-Regulation zur Selbstregulation

Ein neugeborener Säugling hat zunächst keine Möglichkeiten, seine eigenen emotionalen Reaktionen zu regulieren oder deren Ausdruck zu kontrollieren. Zu Beginn seines Lebens ist er daher völlig von der Ko-Regulation durch seine Bezugspersonen abhängig (Posner / Rothbart 1998). Bei sehr kleinen Babys besteht diese hauptsächlich in einer Beruhigung des Schreiens durch körperliche Nähe und rhythmisches Schaukeln. Ab etwa drei Monaten versuchen Bezugspersonen dann auch andere, zunehmend kognitive Strategien anzuwenden, indem sie beispielsweise versuchen, das Baby von einer stressigen oder frustrierenden Situation abzulenken.

Im Vorschulalter erwerben Kinder dann nach und nach die Fähigkeit, ihre Emotionen auch selbstständig zu regulieren und verschiedene Strategien zur Emotionsregulation anzuwenden. Zwischen vier und sieben Jahren verbessert sich die Emotionsregulationsfähigkeit in der Regel stetig und Mütter berichten immer weniger negative Gefühlsäußerungen bei ihren Kindern, wobei es allerdings große interindividuelle Unterschiede gibt (Blandon et al. 2008). Die Entwicklung einer effektiven Emotionsregulation ist abhängig von Kompetenzen, die im Kindergartenalter erworben und weiterentwickelt werden, so z. B. der Fähigkeit, sich gedanklich von einer Situation zu distanzieren, der Sprachentwicklung sowie von der Entwicklung exekutiver Funktionen und der Aufmerksamkeitskontrolle (Kap. 4.3.1).

Strategien zur Emotionsregulation

Es gibt verschiedene Möglichkeiten, die eigenen Emotionen und deren Ausdruck zu regulieren (Holodynski et al 2013). Wie oben bereits erwähnt, versuchen Erwachsene schon früh, die Emotionen von Säuglingen und Kleinkindern z. B. durch Ablenkung zu beeinflussen. So verwundert es nicht, dass die Ablenkung der eigenen Aufmerksamkeit von einer emotionsauslösenden Situation eine der ersten Strategien zur Emotionsregulation ist, die Kinder bereits im Kleinkindalter selbstständig erfolgreich einsetzen können.

Eine weitere Strategie besteht in der gezielten Umdeutung der emotionsauslösenden Situation. Dazu gehört das Bagatellisieren einer negativen Situation oder auch die Distanzierung davon. So könnte eine Verletzung als nicht so schlimm angesehen werden, weil man gleich ein Pflaster bekommt und die Wunde wieder verheilen wird. Zudem ist es möglich, sich bewusst von einem zuvor gehegten Ziel oder Wunsch zu trennen.

Die Mutter des fünfjährigen **Tims** ärgert sich, dass er seinen Fahrradhelm nicht aufsetzen will. Sie verbietet ihm daher, mit dem Fahrrad zum Kindergarten zu fahren, obwohl er sich sehr darauf gefreut hat. Vor ein paar Monaten hatte Tim in einer ähnlichen Situation mit einem Wutausbruch reagiert. Nun sagt er: „Ich wollte sowieso nicht mit dem Fahrrad fahren!“

Diese Form der Emotionsregulation ist unter anderem von den sprachlichen Kompetenzen des Kindes abhängig. Die sprachliche Umdeutung kann Kindern im Vorschulalter helfen, ihre Handlungsimpulse zu unterdrücken und sich von einer Situation zu distanzieren (z.B. einem Spielzeug, das man gerne hätte aber nicht haben darf). Im Rollenspiel (Kap. 4.5.3) üben Kinder die Fähigkeit, eine gegebene Situation ihren eigenen Vorstellungen entsprechend umzudeuten.

Impulskontrolle und Belohnungsaufschub

Zur Emotionsregulation gehört die Kontrolle von Handlungsimpulsen, die durch ein emotional positiv bewertetes Ziel (d.h. eine Belohnung) ausgelöst werden. Die Impulskontrolle wird bei Kindern in Experimenten zum Belohnungsaufschub untersucht.

Belohnungsaufschub bei Kindern

In Aufgaben zum Belohnungsaufschub wird in der Regel eine Süßigkeit, z.B. ein Marshmallow, vor dem Kind auf den Tisch gelegt. Das Kind wird darauf aufmerksam gemacht, dass es später noch mehr Süßigkeiten bekommen kann, aber nur dann, wenn es die bereits daliegende Süßigkeit nicht isst. Daraufhin verlässt der Versuchsleiter den Raum und das Verhalten des Kindes in der Wartezeit wird beobachtet. Hiermit wird die Fähigkeit getestet, eine unmittelbare Belohnung aufschieben zu können, um in der Zukunft eine noch größere Belohnung zu erlangen.

Beim Belohnungsaufschub kann Ablenkung als effektive Strategie eingesetzt werden. Auch eine Umdeutung der Situation ist möglich. So hilft es Kindern beispielsweise, sich vorzustellen, die vorliegende Süßigkeit sei gar nicht echt (Mischel/Baker 1975). Die Fähigkeit, an die Befriedigung des eigenen Wunsches in der Zukunft zu denken, hilft Vorschulkindern, die schon ein Zeitverständnis entwickelt haben, ebenfalls auf eine Belohnung zu warten und sich in der Zwischenzeit anderweitig zu beschäftigen (Bischof-Köhler 2000).

Kinder entwickeln die Fähigkeit zur Impulskontrolle im Vorschulalter. Aber auch darüber hinaus ist die Fähigkeit zum Belohnungsaufschub überaus wichtig. So kann es im Studium erforderlich sein, trotz schönem Wetter auf einen Nachmittag am See zu verzichten, um sich auf eine Prüfung vorzubereiten, die für den in der Zukunft liegenden Abschluss wichtig ist. Einiges spricht dafür, dass sich Personen schon früh in ihrer Fähigkeit zum Belohnungsaufschub unterscheiden. Vierjährige, die diese Art von Aufgaben gut bewältigen, entwickeln sich zu sozial und kognitiv kompetenteren Jugendlichen mit besseren Leistungen in der Schule und einem erfolgreicheren Umgang mit Stress und Frustration (Mischel et al. 1989).

4.6.4 Fazit: Emotionen und Emotionsregulation

Sowohl das Wissen über Emotionen und ihre Auslöser bei anderen Personen als auch die Fähigkeit zur Regulation eigener Emotionen hängt stark von weiteren kognitiven Kompetenzen ab, die sich im Vorschulalter maßgeblich entwickeln. Zu diesen Kompetenzen gehören Sprachfähigkeiten, Theory of Mind sowie exekutive Funktionen und die Aufmerksamkeitskontrolle. Zur Emotionsregulation trägt zudem die Fähigkeit bei, sich gedanklich von einer Situation zu distanzieren bzw. diese in der Vorstellung umzudeuten. Eine effektive Emotionsregulation und Impulskontrolle geht auch langfristig mit besseren kognitiven und sozialen Fähigkeiten sowie einer größeren Frustrationstoleranz einher.

Holodynski, M., Hermann, S., Kromm, H. (2013): Entwicklungspsychologische Grundlagen der Emotionsregulation. Psychologische Rundschau 64, 196–207

1 Was sind Basisemotionen?

2 Welche Rolle spielt die Anwesenheit anderer Personen für das Auftreten sozialer Emotionen im Vorschulalter?

3 Welche Strategien zur Emotionsregulation können Kinder beim Belohnungsaufschub einsetzen?

5 Bildung und Förderung im Kindergarten- und Vorschulalter

Elementarbildung und die frühzeitige Förderung kognitiver und sprachlicher Fähigkeiten ist in den vergangenen Jahren zunehmend in den Fokus der öffentlichen und politischen Diskussion über die Qualität von Kindertageseinrichtungen gerückt. In diesem Kapitel werden einige im deutschsprachigen Raum verbreitete Bildungsprogramme für das Kindergartenalter zu den Bereichen Sprache, Mathematik, Naturwissenschaften, und Musik vorgestellt. Der Fokus liegt dabei auf Programmen, deren Effektivität in Längsschnittstudien nachgewiesen wurde.

Im Kindergartenalter entwickeln sich wichtige kognitive Fähigkeiten und kulturspezifische Fertigkeiten, die prinzipiell durch geeignete Fördermaßnahmen unterstützt werden können. Solche Interventionen sind dann besonders effektiv, wenn sie möglichst früh in der Entwicklung erfolgen, qualitativ hochwertig sind und von geschulten Fachkräften durchgeführt werden (Heckman 2006). Vor allem Kindern, die z. B. in Bezug auf den Bildungsstand ihrer Eltern aus benachteiligten Familien stammen, kann dadurch eine höhere Chance auf Bildungserfolg ermöglicht werden. Im Folgenden werden nun in Bezug auf Sprache zunächst Programme zur Förderung von phonologischer Bewusstheit und Literacy vorgestellt.

5.1 Förderung sprachlicher Fähigkeiten

Um in der Schule und auch im Alltag gut zurecht zu kommen, ist es unumgänglich, grundlegende Sprachkompetenzen zu erwerben, von denen sich einige im Kindergartenalter maßgeblich entwickeln (Kap. 4.4). Es existieren verschiedene Programme, die das Ziel haben, die frühe Sprachentwicklung zu unterstützen, um somit auch das spätere Lesen- und Schreibenlernen günstig zu beeinflussen.

5.1.1 Training der Phonologischen Bewusstheit

Defizite bei der phonologischen Bewusstheit gehören zu den Ursachen der Lese-Rechtschreibschwäche, die etwa 4–5 % der Schulkinder in Deutschland betrifft (Schulte-Körne / Remschmidt 2003). Bei einer Lese-Rechtschreibschwäche liegt die Lese- und Schreibleistung deutlich unter dem Niveau, das aufgrund von Alter, Intelligenz und Schulklasse erwartet werden kann, obwohl keine sensorischen Einschränkungen (z. B. Schwerhörigkeit) vorliegen.

Phonologische Bewusstheit im weiteren Sinne bezeichnet die Fähigkeit, Einsicht in die Lautstruktur der Sprache zu nehmen, also Wörter, Silben und Sprachlaute (Phoneme) in der gesprochenen Sprache zu erkennen. Sie ist wichtig, um eine Zuordnung von Sprachlauten zu Buchstaben und von Buchstaben zu Sprachlauten beim Lesen- und Schreibenlernen zu ermöglichen.

Bielefelder Screening

Durch die Diagnostik von Defiziten der phonologischen Bewusstheit ist es möglich, Kinder mit hohem Risiko für die Entwicklung einer Lese-Rechtschreibschwäche schon früh, nämlich bereits vor dem Schriftspracherwerb, zu identifizieren und gezielt zu fördern. Beispielsweise kann mit dem „Bielefelder Screening zur Früherkennung von Lese-Rechtschreibschwierigkeiten (BISC)“ bereits im letzten Kindergartenjahr eine Vorhersage späterer Schwierigkeiten beim Schriftspracherwerb erfolgen (Jansen et al. 1999).

Der fünfeinhalbjährige **Max** hat im Kindergarten immer wieder Schwierigkeiten beim Erlernen neuer Lieder und Reime. Seine Erzieherin führt daher das BISC mit ihm durch. Beim Test zeigt sich, dass Max Probleme hat, zu beurteilen, ob ein bestimmter Laut in einem Wort vorkommt (z. B. Hörst du ein „i" in „Igel"?). Es fällt ihm auch schwer, zu sagen, ob zwei Worte sich reimen. Das Silbenklatschen gelingt nur mit sehr viel Mühe. Die Erzieherin empfiehlt Max' Eltern eine Teilnahme am Würzburger Trainingsprogramm zur phonologischen Bewusstheit.

Würzburger Trainingsprogramm

Das Würzburger Trainingsprogramm zur phonologischen Bewusstheit besteht aus einer ganzen Reihe von altersgerechten Sprachspielen und kann im letzten Kindergartenjahr von ErzieherInnen durchgeführt werden (Schneider et al. 1999). Über zwanzig Wochen werden jeden Tag etwa zehnminütige Übungen entweder in Kleingruppen oder bei besonderem Bedarf in Einzelsitzungen durchgeführt.

Würzburger Trainingsprogramm zur phonologischen Bewusstheit „Hören, lauschen, lernen"

Das Programm besteht aus sechs aufeinander aufbauenden Bausteinen:

1. Lauschspiele
2. Reimspiele
3. Identifikation von Sätzen und Wörtern
4. Silbenverbinden und -trennen
5. Anlauterkennung
6. Phonemanalyse und -synthese

Die Schwierigkeit der Übungen wird im Laufe der Durchführung sukzessive erhöht. Erst in den letzten beiden Bausteinen des Programms geht es um die kleinste Einheit der Sprache, die Sprachlaute (Phoneme). Im fünften Baustein wird zunächst geübt, Anlaute zu erkennen. Daraufhin lernen die Kinder dann, alle Sprachlaute innerhalb eines Wortes bewusst wahrzunehmen, z. B. indem Wörter anhand der vorgesprochenen Sprachlaute erkannt werden sollen oder das Wort in seine Einzellaute zerlegt wird.

Max nimmt seit sechs Wochen am Würzburger Trainingsprogramm in seinem Kindergarten teil. Am Anfang hat er geübt, ganz genau zuzuhören. Wenn die Erzieherin zwei Wörter vorgesprochen hat, sollte Max entscheiden, ob es zweimal das gleiche Wort war (z.B. Puppe-Puppe) oder ob es einen Unterschied gab (z.B. Kasse-Katze). Viel Spaß hatte Max bei den Reimspielen („Die Katze hat 'ne?" „Tatze!"). Mittlerweile macht Max bereits Aufgaben, in denen der Umgang mit Silben geübt wird. Beispielsweise werden Silben vorgesprochen und das Wort muss erkannt werden oder umgekehrt werden Wörter in Silben zerlegt und dabei geklatscht. Die Übungen sind nicht immer leicht, aber Max macht gerne mit und freut sich, wenn ihm die Aufgaben mit der Zeit besser gelingen.

Das Würzburger Trainingsprogramm hat einen positiven Einfluss auf den späteren Schriftspracherwerb in der Grundschule (Roth / Schneider 2002). In einer Längsschnittstudie wurden Kinder untersucht, bei denen anhand des BISC im Kindergartenalter ein hohes Risiko zur Ausbildung von Lese-Rechtschreibschwierigkeiten diagnostiziert worden war. Die Kinder nahmen am Würzburger Trainingsprogramm zur phonologischen Bewusstheit und / oder einem Buchstaben-Laut-Training teil, bei dem geübt wurde, häufige Buchstaben in ihrer Schriftform mit dem entsprechenden akustischen Buchstabenlaut zu verknüpfen. Am Ende der dritten Grundschulklasse hatte ein deutlich niedrigerer Anteil von Kindern Rechtschreibschwierigkeiten, als ohne Training in einer Gruppe mit derart hohem Risiko zu erwarten gewesen wäre. Vor allem die kombinierte Durchführung beider Trainings erwies sich als effektiv. Für die praktische Relevanz der Ergebnisse spricht, dass Risikokinder, die am kombinierten Trainingsprogramm teilgenommen hatten, sich in ihren Lese- und Rechtschreibfähigkeiten in der Grundschule nicht von einer Kontrollgruppe unterschieden, die schon im Kindergarten keine Defizite in der phonologischen Bewusstheit aufgewiesen hat.

5.1.2 Frühe Förderung von Literacy

Auch Literacy (Kap. 4.4.3) kann bereits im Kindergartenalter vor dem eigentlichen Schriftspracherwerb gefördert werden. Es gibt dazu verschiedene Möglichkeiten. Anders als bei den oben beschriebenen Trainingsprogrammen zur phonologischen Bewusstheit und Buchstabenkenntnis, ist es dafür nicht notwendig, Extrazeit und -raum im normalen Tagesablauf der Einrichtung zu schaffen. Statt einer punktuellen Förderung und Behebung sprachlicher Defizite, geht es primär darum, bei Kindern ein Interesse für Symbole und schriftsprachliche Medien zu wecken bzw. zu erhöhen.

dialogisches Bilderbuchlesen

Gemeinsames Bilderbuchanschauen und -lesen ist für die sprachliche Entwicklung überaus förderlich (Mendelsohn 2002). Das liegt zum einen daran, dass das Kind im Vergleich zu anderen gemeinsamen Aktivitäten deutlich mehr sprachlichen Input erhält. Insbesondere beim dialogischen Bilderbuchlesen hat das Kind zudem die Gelegenheit zur sprachlichen Interaktion. Ein Dialog entsteht beispielsweise durch gegenseitiges Aufgreifen und Weiterführen von Äußerungen, durch gegenseitiges Fragen und die Herstellung eines Bezugs zur Alltagswelt des Kindes. Das Kind wird angeregt, selbst zu erzählen und bestimmt den gemeinsamen Aufmerksamkeitsfokus. Dadurch gestaltet es die Interaktion, geleitet von den eigenen Interessen, aktiv mit. Daher findet das dialogische Buchlesen idealerweise mit einzelnen Kindern oder in sehr kleinen Gruppen statt. Eine gemütliche Leseecke kann hierfür einen ablenkungs- und störungsarmen Rahmen schaffen.

freies Erzählen

Im Dialog mit einzelnen Kindern oder auch in ritualisierter Form im Stuhlkreis kann das freie Erzählen der Kinder gefördert und ermutigt werden. Hierbei ist es wichtig, dass ErzieherInnen aktiv zuhören, also dem Kind ihre volle Aufmerksamkeit schenken und auf dessen Äußerungen ermutigend reagieren, z. B. durch Nicken und Lächeln oder interessiertes Nachfragen.

Rollenspiele

In Rollenspielen lösen sich Kinder vom gegebenen situativen Kontext und schaffen einen gemeinsamen imaginativen Rahmen, in dem sie sich flexibel auf gemeinsam festgelegte Symbole beziehen (Kap. 4.5.3). Im Kindergarten können schriftsprachliche Materialien und Medien für Rollenspiele bereitgestellt werden.

Laura und **Elena** (drei Jahre) spielen mit dem Arztkoffer. Ihre Erzieherin beschriftet für sie Zettel, die sie als „Rezepte" benutzen. Laura ist die Ärztin, die jeden Zettel abstempelt und mit Gekritzel „unterschreibt".

korrektives Feedback

Mit dem korrektiven Feedback kann Kindern im Alltag eine implizite Rückmeldung über ihre sprachlichen Äußerungen gegeben werden, ohne ihren Sprachfluss zu unterbrechen oder ihre Freude am Sprechen zu dämpfen (Jungmann / Albers 2013). Grammatikalisch falsche Äußerungen werden dabei im Gespräch in korrigierter Form wiederholt und / oder um weitere Informationen ergänzt. Grammatikalisch richtige Äußerungen werden immer mal wieder im Gespräch wiederholt. Somit erhält das Kind eine implizite Rückmeldung sowohl wenn es sich richtig ausgedrückt hat als auch wenn es einen Fehler gemacht hat. Eine explizite Rückmeldung und Korrektur („Nein, das heißt …") wird dabei vermieden, das Kind kann allerdings zur Selbstkorrektur aufgefordert werden.

Charlotte (vier Jahre) erzählt von ihren Erlebnissen am Wochenende: „Und wo wir bei die Oma besucht haben, hab ich ein Pony gereitet!" Die Erzieherin erwidert: „Das ist ja toll! *Als* ihr *die* Oma besucht habt, hast du ein Pony *geritten*! Wie groß war denn das Pony?"

5.2 Förderung im Bereich Mathematik und Naturwissenschaft

Neben der Förderung sprachlicher Fähigkeiten sind in den letzten Jahren auch einige Programme zur frühkindlichen Bildung in den Bereichen Naturwissenschaften und Mathematik entwickelt und evaluiert worden.

situationsbezogener Ansatz

In der Regel wird dabei ein situationsbezogener Ansatz verfolgt. Das heißt, die bearbeiteten Themen werden von den Interessen der Kinder ausgehend gewählt und in der Erfahrungswelt der Kinder verankert. Dadurch soll sichergestellt werden, dass die Kinder aktiv in den Prozess des Forschens und Erfahrens einbezogen werden und nicht nur passiv die von den ErzieherInnen vorgestellten Inhalte und Phänomene rezipieren.

Experimente

Gerade bei der Durchführung von Experimenten im Kindergarten sollte darauf geachtet werden, dass die Kinder nicht allein wegen spannender „Knalleffekte" bei der Sache bleiben, sondern aufgrund eines echten Interesses an den naturwissenschaftlichen Phänomenen (Kraska/Teuscher 2013). Es besteht die Gefahr, dass Kinder die zugrundeliegenden Prinzipien eines beobachteten Effekts noch gar nicht nachvollziehen können. Dann kann es zum einen dazu kommen, dass falsche Vorstellungen oder Erklärungen gespeichert werden. Zum anderen besteht die Gefahr, dass die Phänomene später nicht mehr als neu und spannend wahrgenommen werden, wenn sie im Schulkontext noch einmal vorgestellt werden, obwohl die Kinder sie dann aufgrund ihrer größeren Wissensbasis besser verstehen könnten. Es sollte deshalb beim Experimentieren im Kindergarten darauf geachtet werden, keinen Schulstoff vorzuziehen, der womöglich sowieso noch zu schwierig wäre. Stattdessen kann das eigenständige, interessengeleitete Explorieren und Experimentieren der Kinder beispielsweise durch Bereitstellung anregender Materialien unterstützt und gefördert werden (Köster 2008).

5.2.1 Mathematische Förderung

Im Vorschulalter lernen Kinder zählen, Mengen zu vergleichen und Zahlsymbole zu nutzen (Kap. 4.3.3). Im Kindergarten können sie beim Erwerb dieser Fähigkeiten spielerisch unterstützt werden.

Zahlenland

Ein evaluiertes Programm zur Förderung mathematischer Fähigkeiten im Kindergarten ist „Komm mit ins Zahlenland" (Friedrich et al. 2011). Die Grundidee des Programms ist es, den „Zahlenraum" aus der Didaktik der Mathematik mittels geometrischer Formen zu versinnbildlichen. Jede Zahl von eins bis zehn hat im Zahlenland einen entsprechenden „Wohnort", z. B. bewohnt die Zahl drei eine dreieckige Fläche und die Zahl vier ein Quadrat. Jede Zahl wird zudem durch eine Figur in Form eines „Zahlentiers" repräsentiert. Zu jeder Zahl wird ein Märchen mit mathematischen Inhalten erzählt. Die Eins erlebt beispielsweise ein Abenteuer mit einem Einhorn. Die Zwei scheint zu stottern, weil sie immer alle Wörter zweimal sagt und die Fünf bekommt Besuch aus allen fünf Kontinenten. Auch speziell für das Programm komponierte Zahlenlieder werden mit den Kindern gesungen.

Das Material und die Aktivitäten zielen darauf ab, dass Kinder verschiedene Aspekte der Zahlen mit möglichst vielen Sinnen erleben und mit verschiedenen Erfahrungen verknüpfen können. So befindet sich der Wohnort der Zahl fünf zwischen der vier und der sechs, wodurch die Reihenfolge (stabile Ordnung, Kap. 4.3.3) symbolisiert wird. Ihre Wohnfläche ist fünfeckig (Bezug zur Geometrie) und ihr Haus hat fünf Fenster, d. h. durch die Zahl wird auch eine Anzahl ausgedrückt (Kardinalität). Das Zahlensymbol „5" steht auf einem Fähnchen, das am Haus angebracht ist.

In einer Längsschnittstudie wurde der Wissenszuwachs von Kindern, die am Zahlenland teilnahmen mit dem einer Kontrollgruppe (die zeitgleich an einem naturwissenschaftlichen Förderprogramm teilnahm) nach zehn Wochen erfasst (Pauen / Herber 2009). In 20 von 22 speziell entwickelten und für die Kinder neuen mathematischen Aufgaben (z. B. Ziffern lesen, Zahlenstraße legen), zeigte sich ein signifikanter Wissenszuwachs bei den Zahlenland-Kindern, der bedeutsam größer ausfiel als in der Kontrollgruppe. Nachweise über längerfristige Effekte des Programms, z. B. in Bezug auf die späteren Schulleistungen stehen jedoch noch aus.

5.2.2 Naturwissenschaftliche Förderung

Auch im Bereich der naturwissenschaftlichen Frühförderung gibt es zahlreiche Programme und Konzepte für den Kindergarten. Beispielshaft soll hier das „Haus der kleinen Forscher“ vorgestellt werden.

Haus der kleinen Forscher

Das primäre Ziel der Stiftung „Haus der kleinen Forscher“ ist es, bei Kindern im Kindergarten- und Grundschulalter Begeisterung für Naturwissenschaften, Mathematik und Technik zu wecken (Anders et al. 2013). Auch die Fähigkeit zum wissenschaftlichen Denken und Problemlösekompetenzen von Kindern sollen gefördert werden. Die Stiftung bietet kontinuierliche Fortbildungen für pädagogische Fachkräfte in ganz Deutschland an und entwickelt Konzepte sowie Materialien für themenbezogene Projekte, die in den zertifizierten Kindertagesstätten und Grundschulen durchgeführt werden können. Die Arbeit der Stiftung wird fortlaufend wissenschaftlich begleitet und in Form von externen Forschungsprojekten evaluiert.

Kern der Bildungsarbeit in den Kindertagesstätten sind themenbezogene Projekte. Als Projekt wird die längerfristige Beschäftigung mit einem Thema definiert, dessen Auswahl von den Interessen und Alltagserfahrungen der Kinder ausgehen soll. Schwerpunktthemen, zu denen von der Stiftung bereits Anregungen und Materialien angeboten werden, sind beispielsweise „Licht, Farben, Sehen“, „Wasser in Natur und Technik“ und „Luft“. Zu den jeweiligen Themenkomplexen gibt es „Forschungskarten“ mit Anleitungen zu verschiedenen Experimenten und Alltagsbeobachtungen, die mit den Kindern durchgeführt werden können.

Im Kindergarten wird gerade ein **Projekt zum Thema „Licht, Farben, Sehen“** durchgeführt. Emilia hat beobachtet, dass ihr Schatten, wenn sie nachmittags von der Kita abgeholt wird, größer ist als sie selbst. Im Stuhlkreis fragt sie am nächsten Tag woran das liegt. Durch Emilias Frage angeregt, beginnt die Gruppe nun Schattenbilder zu erforschen. Emilias Erzieher holt sich Anregungen zu diesem Thema von der Forschungskarte „Wann werfen Zwerge lange Schatten?“ vom Haus der kleinen Forscher.

Die zentrale Methode, die von der Stiftung empfohlen wird, um wissenschaftliches Denken zu fördern, ist der „Forschungskreis“. Ausgehend von Fragen über Alltagsbeobachtungen wie im obenstehenden Beispiel werden mit den Kindern gemeinsam Ideen und Vermutungen gesammelt. Wichtig ist, dass die ErzieherInnen nicht gleich Antworten auf die Fragen der

Kinder geben sollten. Die Vermutungen werden stattdessen in kleinen Versuchen getestet. Die Ergebnisse dieser Versuche werden beobachtet und beschrieben sowie dokumentiert. Aus der Erörterung der beobachteten Ergebnisse können sich dann wiederum neue Fragen ergeben und der „Forschungskreis" wird fortgeführt.

5.3 Musikalische Frühförderung

Angebote zur musikalischen Früherziehung im Kindergartenalter sind mittlerweile in Deutschland weit verbreitet. Hat musikalische Frühförderung allerdings tatsächlich Auswirkungen auf die späteren musikalischen oder vielleicht sogar kognitiven Fähigkeiten von Kindern?

Sprache

Musikalische Frühförderung scheint sich unter anderem positiv auf die Sprachentwicklung auszuwirken, insbesondere die oben bereits diskutierte phonologische Bewusstheit (Azizinezhad et al. 2013). Musiker sind besonders gut darin, Sprache auch unter schwierigen akustischen Bedingungen, also bei lauten Hintergrundgeräuschen, wahrzunehmen. Diese Fähigkeit kann bereits im Vorschulalter durch musikalisches Training unterstützt werden (Strait et al. 2013). Die Autoren vermuten, dass Kinder, die musikalisch gefördert werden, reichhaltigere akustische Erfahrungen machen, wodurch die Entwicklung ihres Hörsystems nachhaltig unterstützt wird.

Intelligenz

Auch in Bezug auf die Intelligenz wurden positive Effekte musikalischer Frühförderung im Kindergartenalter festgestellt. So zeigten vier bis sechsjährige Kinder, die über 30 Wochen an einem musikalischen Training teilgenommen hatten sowohl eine Zunahme ihrer musikalischen Fertigkeiten als auch erhöhte Werte in einem standardisierten Intelligenztest (Bilhartz et al. 1999). Die Zunahmen fielen jeweils höher aus, als in einer Kontrollgruppe, die im gleichen Zeitraum keine musikalische Förderung erhielt.

5.4 Fazit: Bildung und Förderung im Kindergarten- und Vorschulalter

In diesem Kapitel wurden Programme zur Frühförderung in den Bereichen Sprache, Mathematik, Naturwissenschaften und Musik besprochen. Zusammenfassend lässt sich feststellen, dass Kinder in allen diesen Bereichen schon im Kindergartenalter effektiv gefördert werden können. Die Nutzung wissenschaftlich positiv evaluierter Programme ist grundsätzlich empfehlenswert. Dabei sollten altersgerechte Inhalte und Aktivitäten im Vordergrund stehen und das Vorgreifen von Schulstoff möglichst vermieden werden. Idealerweise wird die kindliche Neugier und Begeisterungsfähigkeit aufgegriffen und durch die Bereitstellung einer anregenden Lernumgebung unterstützt.

Jungmann, T., Albers, T. (2013): Frühe sprachliche Bildung und Förderung. Ernst Reinhardt Verlag, München

Kraska, L., Teuscher, L. (2013): Naturwissenschaftliche Bildung in der Kita. Ernst Reinhardt Verlag, München

1 Was versteht man unter phonologischer Bewusstheit im weiteren Sinne und wie lässt sie sich bereits vor dem Schriftspracherwerb trainieren?

2 Was ist bei der Durchführung von naturwissenschaftlichen Projekten und Experimenten im Kindergarten besonders zu beachten?

3 Wie lässt sich erklären, dass musikalische Frühförderung auch in Bezug auf sprachliche Fähigkeiten einen positiven Einfluss hat?

6 Entwicklungsstörungen

Nicht immer verläuft die Entwicklung eines Kindes ohne Komplikationen. In diesem Kapitel widmen wir uns Entwicklungsstörungen, die besonders in der Vorschulzeit von Bedeutung sind. Wir setzen dabei den Fokus auf Sprachstörungen, auf die Aufmerksamkeitsdefizit/Hyperaktivitätsstörung und auf Autismus. Sie werden einen Einblick in die Symptome der einzelnen Störungen, in die Diagnosekriterien und möglichen Therapieansätze bekommen.

Unter **Entwicklungsstörungen** fasst man all diejenigen Störungen, die ausnahmslos im Kleinkindalter oder in der Kindheit beginnen und eine Entwicklungseinschränkung oder -verzögerung von Funktionen (z.B. Sprache, Motorik, Aufmerksamkeit, Sozialverhalten) mit sich bringen.

Viele Entwicklungsstörungen machen sich noch vor der Kindergartenzeit bemerkbar, doch einige kommen speziell in dieser Entwicklungsphase zum Vorschein. Dies sind besonders die Entwicklungsstörungen der Sprache, der Aufmerksamkeit und des Sozialverhaltens. Darüber hinaus ist es die „Motorische Ungeschicklichkeit", die wir bereits in Kapitel 4.1.2 behandelt haben.

6.1 Sprachentwicklungsstörungen

Eine **Sprachentwicklungsstörung** liegt vor, wenn das Kind sowohl in zeitlicher als auch in inhaltlicher Hinsicht von der normalen Sprachentwicklung abweicht. D.h. das Kind zeigt einerseits eine verzögerte Sprachentwicklung und gleichzeitig auch nicht die typischen Meilensteine der Sprachentwicklung.

Sprachentwicklungsstörungen sind im Kindesalter häufig. Man unterscheidet spezifische Sprachentwicklungsstörungen, bei denen die Kinder keine weiteren Einschränkungen, z. B. Intelligenzminderung oder motorische Probleme etc., haben von unspezifischen Sprachentwicklungsstörungen, bei denen Kinder Sprachstörungen und weitere Störungen, z. B. Sprachentwicklungsstörungen bei Intelligenzminderung oder Sprachentwicklungsstörungen bei Hörstörung, zeigen. Für spezifische Sprachentwicklungsstörungen liegt die Prävalenz bei 6–8 %, d. h. 6–8 % der Kinder in Deutschland haben eine spezifische Sprachentwicklungsstörung (Neumann et al. 2009).

Sprachentwicklungsverzögerungen

Von Sprachentwicklungsstörungen müssen Sprachentwicklungsverzögerungen abgegrenzt werden. Diese beschreiben Kinder, die nur eine leichte zeitliche Abweichung von der Altersnorm in der Entwicklung ihrer Sprache haben. Kinder, die bis zum Ende des zweiten Lebensjahres weniger als 50 Wörter sprechen oder keine Wortkombinationen (z. B. Zweiwortsätze) benutzen, werden als „Late Talker“, also „Spät-Sprechende“, bezeichnet. Etwa die Hälfte dieser Kinder holen ihre Sprachentwicklungsverzögerung bis zum Ende des dritten Lebensjahres auf. Diese werden als „Late Bloomer“, also „Spät-Blühende“ bezeichnet. Die andere Hälfte hat eine anhaltende Sprachentwicklungsverzögerung.

Abzugrenzen sind Sprachentwicklungsstörungen desweiteren von Störungen des Sprechens, wie z. B. das Lispeln und Stottern. Diese haben wir bereits in Kapitel 4.4.1 behandelt.

Symptome

Bis vor kurzem unterschied man bei den Sprachentwicklungsstörungen solche, die die Sprachproduktion betrafen, von denen, die das Sprachverständnis betrafen. Eine strikte Trennung in Sprachproduktionsstörungen und Störungen des Sprachverständnisses ist aber umstritten, weil meist Mischformen zu beobachten sind: Bei den meisten Kindern mit Sprachproduktionsdefiziten können auch Einschränkungen im Sprachverständnis gefunden werden und auch reine Störungen des Sprachverständnisses ohne Beeinträchtigungen der Sprachproduktion kommen praktisch nicht vor.

Das Landau-Kleffner-Syndrom

Beim „Landau-Kleffner-Syndrom“ handelt es sich auch um eine erworbene Aphasie, also Sprachstörung, mit Epilepsie. Der Beginn der Erkrankung liegt zwischen dem dritten und siebten Lebensjahr eines Kindes und geht einher mit dem rapiden Verlust von bis dahin normal entwickelten sprachlichen Fähigkeiten. Dabei sind sowohl die Sprachproduktion als auch das Sprachverständnis betroffen. Gleichzeitig zeigt das Kind epileptische Anfälle. Die genauen Ursachen sind bislang unklar. Die Therapie fokussiert sich zunächst auf die medikamentöse Behandlung der Anfälle und schließlich auf eine begleitende logopädische Behandlung. Die Prognose für Kinder mit Landau-Kleffner-Syndrom ist sehr variabel: Es gibt Fälle, in denen sich die sprachlichen Fähigkeiten völlig wiederherstellen lassen oder nur milde Beeinträchtigungen bleiben, aber auch Fälle, in denen die starken Sprachstörungen bestehen bleiben und sehr einschränkend auf die weitere Entwicklung des Kindes wirken.

Diagnose

Sprachentwicklungsstörungen werden mithilfe einer umfassenden, differenzierten Diagnostik festgestellt. Dabei wird die Sprachleistung des Kindes immer in Bezug zur Altersnorm betrachtet.

Lilly sagt „Ich Puppe haben". Ist Lilly zwei Jahre alt, dann entspricht diese Sprachleistung ihrem Alter. Ist Lilly aber vier Jahre alt, könnte diese Äußerung auf eine Sprachstörung hinweisen.

In der logopädischen Diagnostik wird sowohl eine sorgfältige Anamnese durchgeführt, d. h. es werden auch nicht-sprachliche Fähigkeiten auf eine Störung hin untersucht, als auch unterschiedliche Untersuchungsverfahren angewendet, um möglichst genau das Sprach- und Sprechverhalten des Kindes zu testen.

Therapie

Die logopädische Therapie wird in enger Zusammenarbeit mit den Eltern und dem Kind entwickelt. Dabei ist es von Bedeutung, ob sich das Kind seiner Sprachentwicklungsstörung bewusst ist oder nicht. Wenn es sich zum Beispiel seiner Störung bewusst ist und etwas daran ändern möchte, dann kann man anders mit dem Kind arbeiten, als wenn es noch gar nicht weiß oder verstehen kann, dass es anders spricht (und versteht) als andere Kinder.

Wenn sich das Kind seiner Störung bewusst ist, kann ein direktes Vorgehen in der Therapie erfolgen: Der / die TherapeutIn kann dem Kind genau erklären, worum es gehen soll und das Kind übt mit ihm / ihr gemeinsam. Ein Vorteil dieser Vorgehensweise ist, dass das Kind die Übungen auch im familiären Kontext durchführen kann und so recht schnell Fortschritte deutlich werden.

Wenn sich das Kind seiner Störung nicht bewusst ist oder auch wenn es seine Sprachstörung negativ beurteilt, kommen indirekte Vorgehen zum Tragen. Hierbei kreiert der / die TherapeutIn Spiel- oder Gesprächssituationen, in denen die Störung nicht direkt angesprochen wird, aber dennoch ein Lernen stattfindet. Dadurch, dass möglichst realitätsnahe Spielszenarien genutzt werden, verspricht man sich, dass auch hier ein Transfer des Gelernten in den Alltag stattfindet. Meist ist es auch so, dass die Kinder im Verlauf ein Einsehen in die Therapie haben und dann vermehrt mit dem direkten Vorgehen gearbeitet werden kann.

Prognose

Sprachentwicklungsstörungen sind meist langandauernde Störungen. Von allen im Vorschulalter mit einer Sprachentwicklungsstörung diagnostizierten Kinder zeigen 40–80 % diese auch noch vier bis fünf Jahre später. Sprachentwicklungsstörungen behindern auch den Schriftspracherwerb und damit den Schulerfolg. Es ist deshalb von großer Wichtigkeit, dass Sprachentwicklungsstörungen frühzeitig diagnostiziert und therapiert werden.

Weitere Informationen zum Thema Sprachentwicklungsstörungen finden sich auf den Seiten des Deutschen Bundesverbands für Logopädie e.V. (www.dbl-ev.de) und seiner für Eltern und Bezugspersonen von Kindern entwickelten Internetseite www.sprich-mit-mir.org (diese Seite ist auch auf Türkisch und Russisch verfügbar).

6.2 ADHS

Das **Aufmerksamkeitsdefizitsyndrom (ADS),** das **hyperkinetische Syndrom (HKS)** und die **Aufmerksamkeitsdefizit-/Hyperaktivitätsstörung (ADHS)** sind im Kindesalter beginnende psychische Störungen, die sich durch ein Defizit im Bereich der Aufmerksamkeitskontrolle (ADS), durch Störungen der Impulskontrolle und körperliche Unruhe (HKS) oder durch beides (ADHS) auszeichnen.

Laut Prävalenzschätzungen aus dem Jahr 2007 waren in Deutschland 5 % der Kinder und Jugendlichen im Alter von 3 bis 17 Jahren von ADS / ADHS betroffen, wobei die Zahlen bei 2,9 % für die Vorschulkinder sowie bei 7.9 % für die Schulkinder und Jugendlichen lagen (Schlack et al. 2007). Bezüglich der beiden Subtypen ADS und ADHS sind unterschiedliche Prävalenzen für Jungen und Mädchen bekannt: Eine ADS-Diagnose bekommen doppelt so viele Jungen wie Mädchen, eine ADHS-Diagnose sogar fünfmal so viele Jungen wie Mädchen.

Hinweissymptome für ADS / HKS / ADHS können schon im Säuglingsalter vorliegen, sie sind aber so unspezifisch (z. B. motorische Unruhe, Ess- oder Schlafprobleme, Übellaunigkeit), dass zu dem Zeitpunkt keine spezifische Diagnose möglich ist. Meist treten die Symptome im Kleinkindalter und besonders im Vorschulalter auf.

Die genauen biologischen Grundlagen für ADS / HKS / ADHS sind noch nicht geklärt, man geht aber davon aus, dass es zu Dysfunktionen in den entsprechenden Regelkreisen im Gehirn kommt, die für die Kontrolle von Aufmerksamkeit und Exekutivfunktionen zuständig sind. Man geht insbesondere davon aus, dass bestimmte Botenstoffe im Gehirn zu schnell von den Zellen wieder aufgenommen werden und nicht für die Informationsverarbeitung zur Verfügung stehen (hier setzt auch die medikamentöse Behandlung an).

Symptome / Diagnose

In diesem Abschnitt beschreiben wir die möglichen Symptome und Diagnosekriterien in Bezug auf die aktuelle, fünfte Auflage des „Diagnostic and Statistical Manual of Mental Disorders (DSM-5)", eines Klassifikationssystems psychiatrischer Störungen.

Kinder mit ADS / HKS / ADHS zeigen Symptome in den Bereichen Aufmerksamkeit und Impulsivität / Hyperaktivität. Dabei zeigt der vorwiegend unaufmerksame Typ (ADS) genug Symptome im Bereich Aufmerksamkeit, aber nicht im Bereich Impulsivität / Hyperaktivität. Der vorwiegend hyperkinetische Typ (HKS) zeigt entsprechend genug Symptome im Bereich Impulsivität / Hyperaktivität, aber nicht im Bereich Aufmerksamkeit. Und der kombinierte Typ (ADHS) zeigt genug Symptome in beiden Bereichen, um eine Diagnose zu rechtfertigen.

In allen Fällen ist wichtig, dass die Symptome zum Zeitpunkt der Diagnose für mindestens sechs Monate bestehen müssen, vor dem Alter von 12 Jahren begonnen haben müssen, sich in verschiedenen Situationen zeigen (z. B. nicht nur ausschließlich im Kindergarten) und zu einer deutlichen Einschränkung der betroffenen Person führen. Außerdem müssen natürlich andere mögliche Gründe für die Symptome (z. B. schwerwiegende körperliche oder psychische Krankheiten) ausgeschlossen werden.

Aufmerksamkeit: Vorschulkinder mit einer Störung der Aufmerksamkeit müssen sechs oder mehr der folgenden Symptome zeigen. Sie

1. haben oft Schwierigkeiten, auf Einzelheiten zu achten und machen Flüchtigkeitsfehler.
2. haben Probleme, sich zu konzentrieren bei Aufgaben oder auch im Spiel.
3. scheinen oft nicht zuzuhören, wenn sie direkt angesprochen werden.

4 scheinen Anweisungen nicht vollständig zu verstehen und haben somit Schwierigkeiten, Aufgaben korrekt durchzuführen.

5 haben Probleme, Aufgaben und Aktivitäten zu organisieren.

6 mögen keine Aufgaben, die geistig anstrengend sind oder ein erhöhtes Maß an Konzentration erfordern und vermeiden diese.

7 verlieren oder verlegen öfter Dinge.

8 sind leicht ablenkbar.

9 sind vergesslich.

Impulsivität / Hyperaktivität: Vorschulkinder mit einer Störung der Impulsivität und mit Hyperaktivität müssen sechs oder mehr der folgenden Symptome zeigen. Diagnostiziert wird ein Kind, das

1 oftmals Dinge befingert, mit den Händen oder Füßen hibbelt oder auf dem Stuhl hampelt.

2 nicht an seinem Platz sitzenzubleiben vermag.

3 herumrennt oder klettert in Situationen, in denen das nicht angemessen ist.

4 nicht in der Lage ist, ruhig und leise für sich zu spielen.

5 ständig in Bewegung zu sein scheint, als ob es durch einen inneren Motor angetrieben ist.

6 oft übermäßig redet.

7 mit Äußerungen oft herausplatzt bevor es die vollständige Frage gehört hat.

8 Schwierigkeiten hat, abzuwarten, bis er / sie an der Reihe ist

9 andere oft unterbricht, sei es in Gesprächen oder auch im Spiel.

Wird ADS/HKS/ADHS überdiagnostiziert?

Ohne Frage gibt es Kinder, die an ADS, HKS, oder ADHS leiden. Aber sind nicht alle Kinder ein bisschen hibbelig und unaufmerksam? Und hat nicht die Pharmaindustrie das größte Interesse daran, Kinder mit ADS, HKS oder ADHS zu diagnostizieren? Es gibt nur wenige wissenschaftliche Untersuchungen, die sich mit der Frage nach einer möglichen Überdiagnose von ADS/HKS/ADHS beschäftigen: In einer Studie bekamen 1000 PsychologInnen, PsychiaterInnen und SozialarbeiterInnen vier kurze Fallbeschreibungen vorgelegt und sollten diese hinsichtlich der möglichen Diagnose ADHS bewerten. Nur eine Fallbeschreibung schilderte wirklich alle notwendigen Kriterien für die Diagnose, die anderen beinhalteten nur einige, aber nicht alle notwendigen Kriterien. Dennoch vergaben die Personen auch bei diesen drei Fallbeschreibungen in 16,4% der Fälle die Diagnose ADHS (Bruchmüller et al. 2012). Dies spricht dafür, dass eine Überdiagnose im klinischen Kontext durchaus vorkommen kann.

Therapie

ADS/HKS/ADHS sind Entwicklungsstörungen, die nicht geheilt werden können, deren Symptome aber sehr gut therapeutisch gemindert werden können. Bei Vorschulkindern wird ausschließlich eine Verhaltenstherapie empfohlen, ab einem Alter von sechs Jahren erzielt die kombinierte Behandlung aus Medikamenten und Psychotherapie die beste Reduktion der Symptomatik. Wichtig ist, dass die ausschließlich medikamentöse Behandlung von ADS/HKS/ADHS nach einer Entscheidung der EU-Kommission heutzutage als nicht ausreichend bzw. als unsachgemäß gilt.

Psychotherapie

In der Psychotherapie wird verhaltenstherapeutisch auf mehreren Ebenen gearbeitet: Die direkte Therapie des Betroffenen selbst wird dabei meist durch eine Familientherapie und – bei Kindern – durch eine Kindergarten- oder Schulintervention unterstützt. Zentrales Ziel der Therapie ist die Verminderung der ADHS-Symptomatik sowohl in der Therapiesitzung selbst als auch in dem natürlichen Umfeld der betroffenen Person. Bei Kindergartenkindern wird zum Beispiel angestrebt, ein intensives und ausdauerndes Spielverhalten aufzubauen. Wenn das Kind lernt, sich über längere Zeit auf ein Spiel konzentrieren zu können, bildet dies eine gute Grundlage, später in der Grundschule konzentriert mitarbeiten zu können.

medikamentöse Behandlung

In der medikamentösen Behandlung von ADS/HKS/ADHS steht Methylphenidat (Handelsname u.A. Ritalin) im Vordergrund. Methylphenidat ist ein Arzneistoff mit stimulierender Wirkung – es ist kein Beruhigungsmittel. Methylphenidat wirkt auf die Botenstoffe im Gehirn. Es führt dazu, dass bestimmte Botenstoffe länger zur Verfügung stehen und nicht so schnell abgebaut werden. Betroffene Kinder mit ADS / HKS / ADHS beginnen mit einer niedrigen Einzeldosis, die dann langsam gesteigert wird. Währenddessen wird das Kind genau beobachtet, um die optimale Dosis festlegen zu können. Methylphenidat führt nicht zu einer Abhängigkeit.

Prognose

ADS / HKS / ADHS sind Entwicklungsstörungen, die nicht geheilt werden können. Oft verändert sich aber im Verlauf die Symptomatik, z. B. empfinden Erwachsene mit ADHS eher eine körperliche Unruhe, als dass sie direkt hyperkinetisch sind. Während die Einschränkungen für das Kindergartenkind noch vertretbar sind, kommt es meist beim Eintritt in die Grundschule zu größeren Problemen. Ebenfalls schwierig ist das Arbeitsleben für Erwachsene mit ADS / HKS / ADHS. Es ist deshalb wichtig, dass ADS / HKS / ADHS frühzeitig diagnostiziert und therapiert wird, damit sich keine sekundären Defizite wie z. B. Schulleistungsstörungen entwickeln.

Weitere Informationen zum Thema ADS / HKS / ADHS finden sich auf ADHS Infoportal (www.adhs.info). Die vom Bundesministerium für Gesundheit geförderten und in Kooperation mit der Bundeszentrale für gesundheitliche Aufklärung entstandenen Internetseiten bieten umfassende Materialien zum Thema sowohl für Kinder, Jugendliche und Erwachsene und ihre Angehörigen als auch für PädagogInnen (teilweise auch auf Türkisch).

6.3 Autismus

Autismus (AS) ist eine tiefgreifende Entwicklungsstörung, die auf eine gestörte Hirnentwicklung zurückgeführt werden kann. Autismus ist eine angeborene Störung, die sich in allen Lebenssituationen zeigt und über die Lebensspanne erstreckt. Personen mit Autismus zeigen einerseits Defizite in der sozialen Kommunikation und andererseits stereotype Verhaltensweisen. Da Menschen mit Autismus aber sehr unterschiedliche Ausprägungen ihrer Symptome zeigen, spricht man von der Autismus-Spektrum-Störung (ASS, im Englischen autism spectrum disorder, ASD).

Das Thema Autismus ist in den letzten Jahren vermehrt in den Medien, da vor allem aus den USA steigende Zahlen von betroffenen Kindern gemeldet werden. ForscherInnen gehen davon aus, dass eine größere Bekanntheit der Störung und eine Ausweitung der diagnostischen Kriterien zum Anstieg der Zahl diagnostizierter Fälle geführt hat. In der Tat konnte eine dänische Studie zeigen, dass bis zu 60 % des Anstiegs auf eine Ausweitung der diagnostischen Kriterien zurückgeführt werden kann (Hansen et al. 2015), d. h. es werden heutzutage mehr Kinder diagnostiziert, die nur milde Symptome zeigen (und vermutlich nicht wirklich an einer Autismus-Spektrum-Störung leiden). Auch ein positives, in Teilen verzerrtes Bild von Autismus und die Nachfrage nach frühkindlichen Therapieprogrammen führt dazu, dass Autismus heute häufiger diagnostiziert wird als früher.

Das heißt aber eben nicht, dass es auch wirklich mehr Menschen gibt, die von Autismus betroffen sind. Eine systematische Untersuchung konnte zeigen, dass sich die Prävalenz von Autismus, d. h. wie viele Personen einer Bevölkerung wirklich an Autismus leiden, nicht geändert hat, sondern weltweit auf dem gleichen niedrigen Niveau von weniger als 1 % ist (Baxter et al. 2015). Wenn wir nur Kinder betrachten und Erwachsene außen vor lassen, dann liegen verlässliche Daten aus England vor. Hier konnte auch bei Kindern eine Prävalenz von ASS bei 1 % ermittelt werden, d. h. 1 % der Kinder leidet an einer Autismus-Spektrum-Störung (Baird et al. 2006). Damit gehört ASS weiterhin zu den seltenen Störungen.

Auffallend für die Autismus-Spektrum-Störung ist das Geschlechterverhältnis: Es sind drei bis vier Mal mehr Jungen betroffen als Mädchen. Mädchen, die eine Autismus-Diagnose erhalten, haben dann aber meistens schwerwiegendere Symptome und auch Begleiterkrankungen.

Sind Autisten hochbegabt?

Der Film „Rain Man“, in dem Dustin Hoffmann in der Hauptrolle einen jungen Mann mit Autismus verkörpert, der durch seine schnelle Auffassungsgabe und sein hervorragendes Gedächtnis viel Geld beim Kartenspiel gewinnt, hat das Bild von Autismus in der breiten Bevölkerung sehr geprägt. Viele Menschen gehen heutzutage – fälschlicherweise – davon aus, dass Autisten über besondere Begabungen verfügen.

Neuere Untersuchungen zeigen jedoch, dass 30 % der Betroffenen über eine durchschnittliche Intelligenz verfügen, 30 % eine milde bis moderate Beeinträchtigung und 40 % eine deutliche geistige Behinderung haben.

Besondere Begabungen, die auch als „Savant-Fähigkeiten“ oder „Inselbegabungen“ bezeichnet werden, kommen bei Menschen mit Autismus vor, aber auch bei anderen Störungsbildern und auch bei ansonsten gesunden Personen. Vermutlich ist es allein die Kombination aus schweren sozialen Defiziten und besonderen Begabungen, die die Faszination an Autisten mit Savant-Fähigkeiten ausmacht.

Über die Ursachen von Autismus ist trotz intensiver Forschung noch wenig bekannt. Man weiß, dass Autismus in hohem Maße genetisch bedingt ist, die Erblichkeit liegt bei 50 % (Gaugler et al. 2014). Dennoch konnte bislang nicht genau bestimmt werden, welche Genmutation oder Kombination aus Genmutationen zu Autismus führt.

Autismus und die MMR-Impfung

Im Jahr 1998 veröffentlichte der britische Wissenschaftler Andrew Wakefield eine Studie, die angeblich den Zusammenhang zwischen der Masern-Mumps-Röteln-Impfung (kurz MMR-Impfung) und dem Auftreten von Autismus zeigte. Keine Studie in der Folgezeit konnte die Ergebnisse je replizieren und 2010 wurde klar, warum: Die Daten waren gefälscht, es gab (und gibt) keinerlei Evidenz für einen Zusammenhang zwischen Autismus und der MMR-Impfungen.

Eine sehr breit angelegte australische Untersuchung, in der die Daten von mehr als einer Million Kinder ausgewertet wurden, hat dies nochmals bestätigt und auf alle Impfungen erweitert: Es gibt keinen Zusammenhang zwischen der Verabreichung von Impfungen jeglicher Art und dem Auftreten von Autismus (Taylor et al. 2014).

Leider hat die gefälschte Studie von Wakefield dazu geführt (und führt noch heute) dazu, dass Eltern Impfungen kritisch gegenüberstehen, mit fatalen Folgen nicht nur für ihre Kinder, sondern für die Gesellschaft als Ganzes. Denn Impfungen schützen nicht nur das Individuum, sondern auch alle Personen in dessen Umfeld, besonders solche, die selbst nicht geimpft werden können wie kleine Kinder oder kranke Erwachsene. Diese Herdenimmunität ist zentral, um schwerste Erkrankungen zu bekämpfen und auf Dauer auszulöschen. Wie erfolgreich allein die Impfung gegen Masern ist, zeigen folgende Zahlen: Im Jahr 2012 sind weltweit 122.000 Menschen an Masern gestorben, im Jahr 2000 waren es noch 560.000 – nach Schätzungen der Weltgesundheitsorganisation (WHO) hätten wir 13,8 Millionen Todesfälle zu beklagen, wenn nicht gegen Masern geimpft würde (Deutsches Ärzteblatt 2014).

Symptome

Um die Diagnose Autismus nach der aktuellen, fünften Auflage des Diagnostic and Statistical Manual of Mental Disorders (DSM-5), zu bekommen, muss der Patient / die Patientin folgende vier Kriterien erfüllen:

1 Der Patient / die Patientin zeigt Defizite in der sozialen Kommunikation.

2 Der Patient/die Patientin zeigt Stereotypien (zwanghafte motorische Bewegungen, z.B. Schaukeln, Wippen, flatternde Bewegungen der Hände) oder repetitive Verhaltensweisen.

3 Diese Einschränkungen müssen schon früh in der Entwicklung aufgekommen sein.

4 Die Einschränkungen führen zu einer deutlichen Beeinträchtigung im alltäglichen Leben.

Außerdem dürfen die Symptome nicht besser durch eine andere Störung beschrieben werden. Zwei fiktive Fallbeispiele sollen die Diversität in der Autismus-Ausprägung verdeutlichen:

Hanno (dreieinhalb Jahre) spricht nur einzelne Wörter und zeigt kein Interesse an sozialer Kommunikation. Er reagiert nicht auf seinen Namen und schaut anderen Menschen nicht in die Augen. Hanno ist gerne für sich, dann kann er stundenlang auf ein sich drehendes Windrad starren oder Murmeln aneinander klacken lassen und sich dabei hin- und herschaukeln.

Jonas` (fünf Jahre) große Leidenschaft sind Züge. Er kennt alle Züge, die in Deutschland fahren bis ins letzte Detail und geht mit seinem Opa gerne zum Bahnhof, um die ein- und ausfahrenden Züge zu beobachten. Jonas kann anderen Menschen alles über „seine" Züge erzählen, aber er registriert nicht, ob die anderen überhaupt etwas über Züge wissen wollen und er fragt nicht nach ihren Interessen. Jonas hat eine Modelleisenbahn zu Hause und verbringt viel Zeit damit, sie herzurichten. Wenn aber ein Familienmitglied unabsichtlich etwas an seiner Modellbahn verrückt, wird er sehr wütend, tobt und schreit. Wenn Jonas sehr aufgeregt ist, flattern seine Hände neben seinem Gesicht und er knirscht mit den Zähnen.

Diagnose

Eine sichere Diagnose ist ab dem Alter von zwei Jahren möglich. Eine Autismus-Diagnose sollte nur von einer Person gestellt werden, die sich mit dem Störungsbild sehr gut auskennt – das sind in der Regel Kinder- und Jugendpsychologen und Kinder- und Jugendpsychiater. Es gibt in Deutschland vielerorts Autismus-Ambulanzen oder –Zentren, die auch darüber informieren, wer eine Autismus-Diagnostik anbietet.

Für eine fundierte Diagnose ist es wünschenswert, dass drei Elemente verwendet werden:

1 Die klinische Anamnese des Patienten / der Patientin. Mit ihr wird ganz allgemein die Krankheitsgeschichte des Patienten / der Patientin nachvollzogen.

2 Das „Diagnostische Interview für Autismus – Revidiert“ (im Englischen: autism diagnostic interview revised, kurz ADI-R; Bölte et al. 2006). Es handelt sich beim ADI-R um ein standardisiertes Befragungsinstrument, mit dem die Eltern zur möglichen autistischen Störung ihres Kindes befragt werden.

3 Die „diagnostische Beobachtungsskala für autistische Störungen“ (im Englischen: autism diagnostic observational schedule, kurz ADOS, Rühl et al. 2004). Der ADOS ist ein Beobachtungsinstrument, in dem gezielt soziale Situationen hergestellt werden, in denen sich autistisches Verhalten zeigen sollte und somit beobachtet werden kann.

Therapie

Wichtig für die Autismus-Beratung und Therapie ist, zu verstehen, dass die Störung an sich unheilbar ist, aber ihre Symptome gelindert werden können bzw. den Betroffenen Hilfestellungen angeboten werden können, die ihnen den Umgang in unserer sozialen Welt erleichtern. Wie bei allen Störungen ist es auch bei der Autismus-Spektrum-Störung am besten, wenn die Therapie früh begonnen werden kann, also unmittelbar nach der Diagnose (und wenn dementsprechend eine Diagnose auch früh gestellt werden kann). In der Beratung bekommen Eltern und andere Bezugspersonen Möglichkeiten aufgezeigt, mit den Verhaltensauffälligkeiten ihres Kindes umzugehen und es wird ein umfassendes Behandlungskonzept gemeinsam mit den Eltern entwickelt.

In der Autismus-Therapie gibt es verschiedene Ansätze: Sehr prominent ist die „Applied Behavior Analysis (ABA)“. Sie wird vor allem bei sehr jungen, schwer betroffenen autistischen Kindern eingesetzt. Hier geht es darum, durch Belohnung bzw. Bestrafung positives Verhalten zu verstärken und negatives Verhalten einzudämmen. Die ABA ist ein äußerst zeitaufwändiges Therapieprogramm (von 40 Stunden pro Woche). Die Erfolge sind recht schnell messbar, d. h. das Kind ändert sein Verhalten entsprechend des Trainings. Die Hauptkritik gegenüber dieser Methode ist allerdings, dass das Kind nicht generell seine Motivation, bzw. sein Interesse in Bezug auf sein Verhalten ändert, es passt sich nur den Gegebenheiten an.

Die „Relationship Development Intervention (RDI)“ kann bei autistischen Menschen jeden Alters angewendet werden. Sie möchte die Betroffenen dazu befähigen, sich in unserer dynamischen Welt zurecht zu finden. Kernelement sind die Beziehungen des autistischen Menschen zu seinen Eltern, anderen Bezugspersonen und auch Freunden. Diese sollen zunächst so aufgebaut und gestärkt werden, dass der Betroffene sich durch sie leiten lässt. Durch die vertrauensvolle Beziehung kann die autistische Person dann lernen, auch in schwierigen, z. B. überraschenden Situationen handlungsfähig zu bleiben. Ähnlich wie die ABA ist auch die RDI eine sehr intensive Therapieform, die einen hohen Einsatz aller Bezugspersonen des autistischen Patienten / der Patientin erfordert.

Eine praktische Ergänzung im Rahmen der Haupttherapie stellt die „TEACCH-Methode“ dar (TEACCH steht für treatment and education of autistic and related communication handicapped children). Sie stellt Menschen mit Autismus bildhafte Hilfsmittel zur Verfügung, die zeitliche Abläufe verdeutlichen. Mit der Hilfe von kleinen Bildkarten kann ein autistisches Kind sich so zum Beispiel seinen Tagesablauf besser veranschaulichen: Eine kleine Karte zeigt an, dass das Kind sich zunächst anziehen soll, eine weitere Karte steht für das Zähneputzen, die nächste für das Frühstück usw. Diese Methode hilft Kindern mit Autismus, sich besser in der Zeit zu orientieren.

Prognose

Autismus ist eine unheilbare Entwicklungsstörung. Dennoch lassen sich durch Interventionen die Lebensumstände autistischer Personen deutlich verbessern. Wie groß der Therapieeffekt ist, lässt sich bislang nicht vorhersehen. Er hängt definitiv von der Stärke der Symptomatik ab, von dem Beginn und der Dauer bzw. Intensität der therapeutischen Behandlung und auch von den Nebenerkrankungen, die auch im Falle von Autismus nicht selten sind.

Dadurch, dass Autismus seit ein paar Jahren vermehrt in den Medien auftaucht und damit allgemein die Informiertheit nicht nur von Betroffenen und ihren Angehörigen zugenommen hat, konnte man auch ganz interessante Entwicklungen beobachten. Dazu gehört die Entstehung von Firmen im Bereich der Informationstechnologien und Computerbranche, die gezielt Menschen mit Autismus einstellen (z. B. www.auticon.com). Viele autistische Menschen interessieren sich schon sehr früh in ihrer Entwicklung für Zahlen und beschäftigen sich intensiv mit Mathematik und Informatik. Dies macht sie zu ausgewiesenen Experten und wertvollen MitarbeiterInnen.

Weitere Informationen zum Thema Autismus finden sich auf den Internetseiten des Bundesverbands zur Förderung von Menschen mit Autismus: autismus Deutschland e.V. (www.autismus.de). Hier kann man vor allem Adressen von Regionalverbänden, Einrichtungen und Therapiezentren sowie Informationen zu Fortbildungsmöglichkeiten bekommen.

6.4 Fazit: Entwicklungsstörungen

Entwicklungsstörungen beeinflussen das Leben des betroffenen Kindes grundlegend. Ob es sich um Sprachentwicklungsstörungen, um Störungen der Aufmerksamkeit oder des Sozialverhaltens handelt, allen ist gemein, dass sie – wenn sie unbehandelt bleiben – zu massiven Einschränkungen für das betroffene Kind und seine Angehörigen führen. Deshalb ist es wichtig, über mögliche Symptome von Entwicklungsstörungen Bescheid zu wissen und im Falle, dass ein Kind Auffälligkeiten zeigt, dieses an entsprechende Stellen mit Fachpersonen verweisen zu können. Eine frühe Diagnose und entsprechende Therapie ist essentiell für die Prognose.

Wendlandt, W. (2010): Sprachstörungen im Kindesalter. Thieme, Stuttgart
Gelb, M., Völkl-Halbrock, D. (2014): ADS/ADHS: Ein Ratgeber für Eltern, Pädagogen und Therapeuten.. Schulz-Kirchner, Idstein
Kamp-Becker, I., Bölte, S. (2014): Autismus. 2. Aufl. Ernst Reinhardt, München

1 Was versteht man unter einer spezifischen Sprachentwicklungsstörung?

2 Welche Formen unterscheidet man bei der ADHS?

3 Wie wird die Diagnose einer Autismus-Spektrum-Störung gestellt?

Literatur

Ainsworth, M. D. S., Blehar, M. C., Waters, E., Wall, S. (1978): Patterns of attachement. Erlbaum, Hillsdale, NJ

Anders, Y., Hardy, I., Pauen, S., Ramseger, J., Sodian, B., Steffensky, M. (2013): Wissenschaftliche Untersuchungen zur Arbeit der Stiftung „Haus der kleinen Forscher". Schubi, Schaffhausen

Andersen, S. (2003): Trajectories of brain developoment: point of vulnerability or window of opportunity? Neuroscience & Biobehavioral Reviews 27, 3–18

Anzures, G., Quinn, P. C., Pascalis, O., Slater, A. M., Tanaka, J. W., Lee, K. (2013): Developmental origins of the other-race-effect. Current Directions in Psychological Science 22, 173–178

Azizinezhad, M., Hashemi, M., Darvishi, S. (2013): Music as an Education-related Service to Promote Learning and Skills Acquisition. Procedia – Social and Behavioral Sciences 93, 142–145

Baird, G., Simonoff, E., Pickles, A., Chandler, S., Loucas, T., Meldrum, D., Charman, T. (2006): Prevalence of disorders of the autism spectrum in a population cohort of children in South Thames: the special needs and autism project (SNAP). Lancet 368, 210–215

Bandura, A., Ross, D., Ross, S. A. (1961): Transmission of aggression through imitation of aggressive models. Journal of Abnormal Social Psychology 63, 575–582

Barac, R., Bialystok, E. (2012): Bilingual effects on cognitive and linguistic development: role of language, cultural background, and education. Child Development 83, 413–422

Baumrind, D. (1967): Child care practices anteceding three patterns of preschool behavior. Genetic Psychology Monographs, 75(1), 43–88

Baxter, A. J., Brugha, T. S., Erskine, H. E., Scheurer, R. W., Vos, T., Scott, J. G. (2015): The epidemiology and global burden auf autism spectrum disorders. Psychological Medicine 45, 601–613

Behne, T., Carpenter, M., Call, J., Tomasello, M. (2005): Unwilling versus unable: infants' understanding of intentional action. Developmental Psychology 41,328–337

Belsky, J., Pluess, M. (2009): Beyond diathesis stress: differential susceptibility to environmental influences. Psychological Bulletin 135, 885–908

Bialystok, E., Craik, F. I., Klein, R., Viswanathan, M. (2004): Bilingualism, aging, and cognitive control: evidence from the Simon task. Psychology and Aging 19, 290–303

Bigler, R.S., Liben, L.S. (1992): Cognitive mechanisms in children's gender stereotyping: theoretical and educational implications of a cognitive-based intervention. Child Development 63, 1351–1363

Bilhartz, Terry D., Bruhn, Rick A., Olson, Judith E. (1999): The Effect of Early Music Training on Child Cognitive Development. Journal of Applied Developmental Psychology 20(4), 615–636

Birch, E.E., Stager, D.R. (1996): The critical period for surgical treatment of dense congenital unilateral cataract. Investigative ophthalmology & visual science 37, 1532–1538

Bischof-Köhler, D. (2000): Kinder auf Zeitreise. Theory of Mind, Zeitverständnis und Handlungsorganisation. Huber, Bern

Blandon, A.Y., Calkins, S.D., Keane, S.P., O'Brien, M. (2008): Individual differences in trajectories of emotion regulation processes: the effects of maternal depressive symptomatology and children's physiological regulation. Developmental Psychology 44, 1110–1123

Blischke, K. (2010a): Entwicklung der Haltungskontrolle. In: Schott, N., Munzert, J. (Hrsg.): Motorische Entwicklung. Hogrefe, Göttingen, 30–48

Blischke, K. (2010b): Entwicklung von Zielbewegungen. In: Schott, N., Munzert, J. (Hrsg.): Motorische Entwicklung. Hogrefe, Göttingen, 103–127

Bloom, P., Markson, L. (1998): Capacities underlying word learning. Trends in cognitive sciences 2, 67–73

Bölte, S., Rühl, D., Schmötzer, G., Poustka, F. (2006): ADI-R. Diagnostisches Interview für Autismus – Revidiert. Deutsche Fassung des Autism Diagnostic Interview – Revised (ADI-R) von Michael Rutter, Ann Le Couteur und Catherine Lord. Huber, Bern

Brown, T.T., Jernigan, T.L. (2012): Brain development during the preschool years. Neuropsychology Reviews 22, 313–33

Bruchmüller, K., Margraf, J., Schneider, S. (2012): Is ADHD diagnosed in accordance with diagnostic criteria? Overdiagnosis and influence of client gender on diagnosis. Journal of Consulting and Clinical Psychology 80, 128–138

Bundesministerium für Bildung und Forschung (2011): Bewegung tut gut. In: http://www.bmbf.de/de/15678.php, 03.06.2015

Butterworth, B. (2005): The development of arithmetical abilities. Journal of Child Psychology and Psychiatry 46, 3–18

Carey, S. (1985): Conceptual change in childhood. MA: MIT Press, Cambridge

Carey, S. (1991): Knowledge acquisition: Enrichment or conceptual change? In: Carey, S., Gelman, R. (Hrsg.): Epigenesis of mind: Studies in biology and cognition. Erlbaum, Hillsdale, NJ, 257–291

Caspi, A., Harrington, H., Milne, B., Amell, J.W., Theodore, R.F., Moffitt, T.E. (2003): Children's behavioral styles at age 3 are linked to their adult personality traits at age 26. Journal of Personality 71, 495–513

Caspi, A., Shiner, R. L. (2006) Personality development. In: Eisenberger, N. I., Damon, W., Lerner, R. M. (Hrsg.): Handbook of child psychology. Wiley, New York, 300–365

Clark, J. E., Whitall, J. (1989): Changing patterns of lococmotion: From walking to skipping. In: Clark, J. E., Whitall, J. (Hrsg.): Development of posture and gait across the life span. Univ. South Carolina Press, Columbia, SC, 128–151

Costa, P. T., McCrae, R. R. (1992): Revised NEO Personality Inventory (NEO-PI-R) and NEO Five-Factor Inventory (NEO-FFI) manual. Psychological Assessment Resources, Odessa, FL

Deak, G. O. (2006): Do children really confuse appearance and reality? Trends in Cognitive Sciences 10, 546–550

Dahaene, S., Nakamura, K., Jobert, A., Kuroki, C., Ogawa, S., Cohen, L. (2010): Why do children make mirror errors in reading? Neural correlates of mirror invariance in the visual word form area. Neuroimage 49, 1837–1848

Dempster, F. M. (1981): Memory span: Sources of individual and developmental differences. Psychological Bulletin 89, 63–100

Deroy, O., Spence, C. (2013): Are we all born synaesthetic? Examining the neonatal synaesthesia hypothesis. Neuroscience & Biobehavioral Reviews 37, 1240–1253

Deutsches Ärzteblatt (2014): Weltweit weniger Todesfälle durch Masern vom 7.2.2014, 1.112. In: www.aerzteblatt.de/nachrichten/57536, 03.06.2015

Dewey, D., Kaplan, B. J., Crawford, S. G., Wilson, B. N. (2002): Developmental coordination disorder: Associated problems in attention, learning, and psychosocial adjustment. Human Movement Science 21, 905–918

Eisenberg, N., Wolchik, S., Goldberg, L., Engel, I. (1992): Parental values, reinforcement, and young chidren's prosocial behaviour: A longitudinal study. Journal of Genetic Psychology 153, 19–36

Europäische Kommission (2012): Europeans and their languages. In: http://ec.europa.eu/public_opinion/archives/ebs/ebs_386_en.pdf, 03.06.2015

Fabrizi, L., Slater, R., Worley, A., Meek, J., Boyd, S., Olhede, S., Fitzgerald, M. (2011): A shift in sensory processing that enables the developing human brain to discriminate touch from pain. Current Biology 21, 1552–1558

Fehr, E., Bernhard, H., Rockenbach, B. (2008): Egalitarism in young children. Nature 454, 1079–1084

Ferguson, C. J., Garza, A., Jerabeck, J., Ramos, R., Galindo, M. (2013): Not worth the fuss after all? cross-sectional and prospective data on violent video game influences on aggression, visuospatial cognition and mathematics ability in a sample of youth. Journal of Youth and Adolescence 42(1), 109–122

Ferneyhough, C., Fradley, E. (2005): Private speech on an executive task: relations with task difficulty and task performance. Cognitive Development 20, 103–120

Flavell, J. H. (1970): Developmental studies of mediated memory. In: Reese, H. W., Lipsitt, L. P. (Hrsg.): Advances in child development and behavior. Academic Press, New York, 181–211

Flavell, J. H., Miller, P. H., Miller, S. A. (1993): Cognitive Development. Prentice-Hall

Friedrich, G., de Galgoczy, V., Schindelhauer, B. (2011): Komm mit ins Zahlenland. Herder Verlag, Freiburg

Ganger, J., Brent, M. R. (2004): Reexamining the vocabulary spurt. Developmental Psychology 40, 621–632

Gaugler, T., Klei, L., Sanders, S. J., Bodea, C. A., Goldberg, A. P., Lee, A. B., Mahajan, M., Manaa, D., Pawitan, Y., Reichert, J., Ripke, S., Sandin, S., Sklar, P., Svantesson, O., Reichenberg, A., Hultman, C. M., Devlin, B., Roeder, K., Buxbaum, J. D. (2014): Most genetic risk for autism resides with common variation. Nature Genetics 46, 881–885

Geary, D. C., Bow-Thomas, C. C., Liu, F., Siegler, R. S. (1996): Development of arithmetical competencies in Chinese and American children: influence of age, language, and schooling. Child Development 67, 2022–2044

Gelman, R., Gallistel, C. (1978): The Child's Understanding of Number. Harvard University Press, Cambridge, MA

Gerstadt, C. L., Hong, Y. J., Diamond, A. (1994): The relationship between cognition and action: performance of children 3 ½–7 years old on a Stroop-like day-night test. Cognition 53, 129–153

Gogtay, N., Giedd, J. N., Lusk, L., Hayashi, K. M., Greenstin, D., Vaituzis, A. C., Nugent, T. F. 3rd., Herman, D. H., Clasen, L. S., Rapoport, J. L., Thompson, P. M. (2004): Dynamic mapping of human cortical development during childhood through early adulthood. Proceedings of the National Academy of Science USA 101, 8174–9

Gohlke, B., Wölfle, J. (2009): Größenentwicklung und Pubertät bei deutschen Kindern: Gibt es noch einen positiven sekulären Trend. Deutsches Ärzteblatt 106, 377–382

Golarai, G., Ghahremani, D. G., Whitfield-Gabrieli, S., Reiss, A., Eberhardt, J. L., Gabrieli, J. D., Grill-Spector, K. (2007): Differential development of high-level visual cortex correlates with category-specific recognition. Nature Neuroscience 10, 512–522

Gopnik, A., Astington, J. W. (1988): Children's understanding of representational change and its relation to the understanding of false belief and the appearance-reality distinction. Child Development 59, 26–37

Goren, C. C., Sarty, M., Wu, P. Y. (1975): Visual following and pattern discrimination of face-like stimuli by newborn infants. Pediatrics 56, 544–549

Greenfield, P. M., Keller, H., Fuligni, A., Maynard, A. (2003): Cultural pathways through universal development. Annual Reviews in Psychology 54, 461–490

Hanania, R., Smith, L. B. (2010): Selective attention and attention switching: towards a unified developmental approach. Developmental Science 13, 622–635

Hansen, S. N., Schendel, D. E., Parner, E. T. (2015): Explaining the increase in the prevalence of autism spectrum disorders: the proportion attributable to changes in reporting practices. JAMA Pediatrics 169, 56–62

Havnes, T., Mogstad, M. (2011): No child left behind: subsidized child care and children's long-run outcomes. American Economic Journal: Economic Policy 3, 97–129

Heckman, J. J. (2006): Skill formation and the economics of investing in disadvantaged children. Science 312(5782), 1900–1902

Hickling, A. K., Gelman, S. A. (1995): How does your garden grow? Early conceptualization of seeds and their place in plant growth cycle. Child Development, 66(3), 856–876

Hoehl, S., Wahl, S. (2012): Recording infant ERP data for cognitive research. Developmental Neuropsychology 37, 187–209

Hoff, E. (2006): How social contexts support and shape language development. Developmental Review 26, 55–88

Holodynski, M. (2006): Die Entwicklung der Leistungsmotivation im Vorschulalter. Zeitschrift für Entwicklungspsychologie und Pädagogische Psychologie 38, 2–17

Holodynski, M., Hermann, S., Kromm, H. (2013): Entwicklungspsychologische Grundlagen der Emotionsregulation. Psychologische Rundschau 64, 196–207

Honig, M.-S., Zerle, C. (2011): Zeit für Zuwendung. DJI impulse 1 / 2011

Höpflinger F. (o. J.): Generationenbeziehungen im Wandel. In: http://www.google.de/url?sa=t&rct=j&q=&esrc=s&source=web&cd=1&ved=0CCcQFjAA&url=http%3A%2F%2Fwww.thun.ch%2Ffileadmin%2Fbehoerden%2Fsoziales%2Fmedia%2Fpdf%2FGenerationenbeziehungen_im__Wandel_Hoepflinger_23_10_2010.pdf&ei=leNuVaCnL8GQsgGg9IPoCw&usg=AFQjCNGdOTfS4BxIB7zP2MpE8yRMHa6UIw&bvm=bv.94911696,d.bGg, 03.06.2015

Hoppe-Graff, S., Kim, H.-O. (2007): Von William T. Preyer zu William Stern: Über die Durchführung und Nutzung von Tagebuchstudien in den Kindertagen der deutschen Entwicklungspsychologie. Journal für Psychologie 15

Huttenlocher, P. R., Dabholkar, A. S. (1997): Regional differences in synaptogenesis in human cerebral cortex. The Journal of Comparative Neurology 387, 167–178

Irwin, R. J., Ball, A. K., Kay, N., Stillman, J. A., Rosser, J. (1985): The development of auditory temporal acuity in children. Child Development 56, 614–620

Izard, C. E. (1971): The face of emotion. Appleton-Century-Cross, New York

Jang, K. L., Livesley, W. J., Vernon, P. A. (1996): Heritability of the big five personality dimensions and their facets: a twin study. Journal of Personality 64, 577–591

Jansen, H., Mannhaupt, G., Marx, H., Skowronek, H. (1999): Bielefelder Screening zur Früherkennung von Lese-Rechtschreibschwierigkeiten: (BISC). Hogrefe, Verl. für Psychologie, Göttingen (u. a.)

Jarvis, E. D., Guentuerkuen, O., Bruce, L., Csillag, A., Karten, H., Kuenzel, W., Medina, L., Paxinos, G., Perkel, D. J., Shimizu, T., Striedter, G., Wild, J. M., Ball, G. F., Dugas-Ford, J., Durand, S. E., Hough, G. E., Husband, S., Kubikova, L., Lee, D. W., Mello, C. V., Powers, A., Siang, C., Smulders, T. V., Wada, K., White, S. A., Yamamoto, K., Yu, J., Rainer, A., Butler, A. B. (2005): Avian brains and a new understanding of vertebrate brain evolution. Nature Reviews Neuroscience 6, 151–9

Jefferson Jr., T., Herbst, J. H., McCrae, R. R. (1998): Associations between birth order and personality traits: evidence from self-reports and observer ratings. Journal of Research in Personality 32, 498–509

Josselyn, S. A., Frankland, P. W. (2012): Infantile amnesia: a neurogenic hypothesis. Learning and Memory 19, 423–433

Jungmann, T., Albers, T. (2013): Frühe sprachliche Bildung und Förderung (Basiswissen Frühpädagogik). Ernst Reinhardt Verlag, München

Kagan, J. (1997): Temperament and the Reactions to Unfamiliarity. Child Development 68, 139–143

Keitel, A., Prinz, W., Friederici, A. D., von Hofsten, C., Daum, M. M. (2013): Perception of conversations: the importance of semantics and intonation in children's development. Journal of Experimental Child Psychology 116, 264–277

Klahr, D., Robinson, M. (1981): Formal assessment of problem solving and planning processes in preschool children. Cognitive Psychology 13, 113–148

Köster, H. (2008): Physik in Kindertagesstätten – Grenzen und Möglichkeiten. In: Hellmich, F., Köster, H. (Hrsg.): Vorschulische Bildungsprozesse in Mathematik und Naturwissenschaften. Klinkhardt, Bad Heilbrunn, 195–209

Kraska, L., Teuscher, L. (2013): Naturwissenschaftliche Bildung in der Kita (Basiswissen Frühpädagogik). Ernst Reinhardt Verlag, München

Kristen, S., Sodian, B., Thoermer, C., Perst, H. (2011): Infants' Joint Attention Skills Predict Toddlers' Emerging Mental State Language. Developmental Psychology 47, 1207–1219

Kurth, B.-M., Schaffrath-Rosario, A. (2007): Die Verbreitung von Übergewicht und Adipositas bei Kindern und Jugendlichen. Ergebnisse des Kinder- und Jugendgesundheitssurveys (KiGGS). Bundesgesundheitsblatt – Gesundheitsforschung – Gesundheitsschutz 50, 736–743.

Laewen, H. J., Andres, B., Hédervári, E. (2003): Die ersten Tage – ein Modell zur Eingewöhnung in Krippe und Tagespflege. 4. Aufl. Beltz, Weinheim

Laewen, H. J., Andres, B., Hédervári, E. (2006): Ohne Eltern geht es nicht. Die Eingewöhnung von Kindern in Krippen und Tagespflegestellen. 4. Aufl. Cornelsen Scriptor, Berlin

Leopoldina Nationale Akademie der Wissenschaften (2014): Frühkindliche Sozialisation. In: http://www.leopoldina.org/uploads/tx_leopublication/2014_Stellungnahme_Sozialisation_web.pdf, 03.06.2015

Mahone, E. M., Schneider, H. E. (2012): Assessment of attention in preschoolers. Neuropsychological Review 22, 361–383

Manning, C., Aagten-Murphy, D., Pellicano, E. (2012): The development of speed discrimination abilities. Vision Research 70, 27–33

Martin, C. L., Eisenbud, L., Rose, H. (1995): Children's Gender–Based Reasoning about Toys. Child Development 66, 1453–1471

Martin, CL., Halverson, C. F. (1983): The Effects of Sex–Typing Schemas on Young Children's Memory. Child Development 54, 563–574

Mendelsohn, A. L. (2002): Promoting language and literacy through reading aloud: the role of the pediatrician. Current Problems in Pediatric and Adolescent Health Care 32, 188–202

Miellet, S., Vizioli, L., He, L., Zhou, X., Caldara, R. (2013): Mapping facee recognition information use across cultures. Frontiers in Psychology 4, 34

Mierisch, R. F., Frasier, L. D., Braddock, S. R., Giangiacomo, J., Berkenbosch, J. W. (2004): Retinal hemorrhages in an 8-year old child: an uncommon presentation of abusive infury. Pediatric emergency care 20, 118–20

Mischel, W., Baker, N. (1975): Cognitive appraisals and transformations in delay behavior. Journal of Personality and Social Psychology 31, 254–261

Mischel, W., Shoda, Y., Rodriguez, M. I. (1989): Delay of gratification in children. Science 244, 933–938

Moll, H., Kadipasaoglu, D. (2013): The primacy of social over visual perspective-taking. Frontiers in Human Neuroscience 7, 558

Moore, C. (2009): Fairness in Children's Resource Allocation Depends on the Recipient. Psychological Science 20, 944–948

Mumme, D. L., Fernald, A. (2003): The Infant as Onlooker. Learning from Emotional Reactions Observed in a Television Scenario. Child Development 74, 221–237

Nardini, M., Bedford, R., Mareshal, D. (2010): Fusion of visual cues is not mandatory in children. Proceedings oft he National Academy of Science USA 107, 17041–17046

Neumann, K., Keilmann, A., Rosenfeld, J., Schönweiler, R., Zaretsky, Y., Kiese-Himmel, C. (2009): Sprachentwicklungsstörungen bei Kindern: Leitlinien der Deutschen Gesellschaft für Phoniatrie und Pädaudiologie (gekürzte Fassung). Kindheit und Entwicklung 18, 222–231

Parten, M. B., Newhall, S. M. (1943): Social behavior of preschool children. In: Barker, R. G., Kounin, J. S. Wright, H. F. (Hrsg.): Child behavior and development. A course of representative studies. McGraw-Hill, New York, 509–525

Pauen, S., Herber, V. (2009): Vom Kleinsein zum Einstein. Cornelsen Verlag, Berlin

Piaget, J. (1975): Der Aufbau der Wirklichkeit beim Kinde. Klett, Stuttgart

Pike, A., Kretschmer, T., Dunn, J.F. (2009): Siblings-friends or foes? Psychologist 22, 494–497

Pinquart, M. (2011): Entwicklung der Persönlichkeit und des Selbstkonzepts. In: Pinquart, M., Schwarzer, G., Zimmermann, P. (Hrsg.): Entwicklungspsychologie – Kindes- und Jugendalter. Hogrefe, Göttingen, 244–266

Pons, F., Harris, P.L., de Rosnay, M. (2004): Emotion comprehension between 3 and 11 years: Developmental periods and hierarchical organization. European Journal of Developmental Psychology 1, 127–152

Posner, M.I., Rothbart, M.K. (1998): Attention, self-regulation and concsiousness. Philosophical Transactions of the Royal Society of London B 353, 1915–1927

Quinn, P.C., Yahr, J., Kuhn, A., Slater, A.M., Pascalis, O. (2002): Representation of the gender of human faces by infants: a preference for female. Perception 31(9), 1109–1121

Rakoczy, H. (2007): Play, Games, and the Development of Collective Intentionality. New directions for child and adolescent development 115, 53–67

Raschle, N.M., Lee, M., Buechler, R., Christodoulou, J.A., Chang, M., Vakıl, M., Stering, P.L., Gaab, N. (2009): Making MR imaging child's play – pediatric neuroimaging protocol, guidelines and procedures. Journal of Visual Experiments 30. In: dx.doi.org / 10.3791 / 1309, 03.06.2015

Repacholi, B.M., Gopnik, A. (1997): Early reasoning about desires: evidence from 14- and 18-month-olds. Developmental Psychology 33, 12–21

Rivera Mindt, M., Arentoft, A., Kubo Germano, K., D'Aquila, E., Scheiner, D., Pizzirusso, M., Sandoval, T.C., Gollan, T.H. (2008): Neuropsychologial, cognitive, and theoretical considerations for evaluation of bilingual individuals. Neuropsychological Reviews 18, 255–68

Roberts, B.W., DelVecchio, W.F. (2000): The rank-order consistency of personality traits from childhood to old age: a quantitative review of longitudinal studies. Psychological Bulletin 126, 3–25

Rolls, B., Engell, D., Birch, L.L. (2000): Serving portion size influences 5-year-old but not 3-year-old children's food intakes. Journal of the American Dietetic Association 100, 232–234

Roth, E., Schneider, W. (2002): Langzeiteffekte einer Förderung der phonologischen Bewusstheit und der Buchstabenkenntnis auf den Schriftspracherwerb. Zeitschrift für Pädagogische Psychologie 16(2), 99–107

Rueda, M.R., Fan, J., McCandliss, B.D., Halparin, J.D., Gruber, D.B., Lercari, L.P., Posner, M.I. (2004): Development of attentional networks in childhood. Neuropsychologia 42, 1029–1040

Russel, J., Gee, B., Bullard, C. (2012): Why do young children hide by closing their eyes? Self visibility and the developing concept of self. Journal of Cognition and Development 13, 550–576

Saxe, R., Carey, S., Kanwisher, N. (2004): Understanding other minds: Linking Developmental Psychology and Functional Neuroimaging. Annual Reviews in Psychology 55, 87–124

Schlack, R., Hölling, H., Kurth, B.-M., Huss, M. (2007): Die Prävalenz der Aufmerksamkeitsdefizit / Hyperaktivitätsstörung (ADHS) bei Kindern und Jugendlichen in Deutschland: Erste Ergebnisse aus dem Kinder- und Jugendgesundheitssurvey (KiGGS). Bundesgesundheitsblatt – Gesundheitsforschung – Gesundheitsschutz 50, 827–835

Schmidt, M. F. H., Rakoczy, H., Tomasello, M. (2012): Young children enforce social norms selectively depending on the violator's group affiliation. Cognition 124, 325–333

Schneider, W., Roth, E., Küspert, P. (1999): Frühe Prävention von Lese-Rechtschreibproblemen. Das Würzburger Trainingsprogramm zur Förderung sprachlicher Bewußtheit bei Kindergartenkindern. Kindheit und Entwicklung 8(3), 147–152

Schneider, W., Knopf, M., Stefanek, J. (2002): The development of verbal memory in childhood and adolescence: Findings from the Munich Longitudinal Study. Journal of Educational Psychology 94, 751–761

Scholz, U., Krombholz, H. (2007): Untersuchung zur körperlichen Leistungsfähigkeit von Kindern aus Waldkindergärten und Regelkindergärten. Motorik, 30(1), 17–22

Schott, N. (2010): Motorische Ungeschicklichkeit. In: Schott, N., Munzert, J. (Hrsg.): Motorische Entwicklung. Hogrefe, Göttingen, 169–185

Schulte-Körne, G., Remschmidt, H. (2003): Legasthenie-Symptomatik, Diagnostik, Ursachen, Verlauf und Behandlung. Deutsches Ärzteblatt 7, A396–A406

Schwarz, R. (2014): Frühe Bewegungserziehung (Basiswissen Frühpädagogik). Ernst Reinhardt Verlag, München

Siegler, R. S., Robinson, M. (1982): The development of numerical understandings. In: Reese, H. W., Lipsett, L. P. (Hrsg.): Advances in child development and behavior. Acadmic Press, New York, 242–312

Simion, F., Di Giorgio, E., Leo, I., Bardi, L. (2011): The processing of social stimuli in early infancy: from faces to biological motion perception. Progress in Brain Research 189, 173–193

Sroufe, L. A. (1996): Emotional Development. Cambridge University Press, New York

Starkey, P., Spelke, E. S., Gelman, R. (1990): Numerical abstraction by human infants. Cognition 36, 97–127

Statistisches Bundesamt (2014): Fast jedes dritte Kind unter 3 Jahren am 1. März 2014 in Kindertagesbetreuung. Pressemitteilung Nr. 313 vom 4.9.2014, Ansprechpartner: Stefan Rübenach. In: https://www.destatis.de/DE/ZahlenFakten/GesellschaftStaat/Soziales/Sozialleistungen/KinderJugendhilfe/Kindertagesbetreuung.html, 03.06.2015

Statistisches Bundesamt (2012): Vier bis fünf Jahre beträgt aktuell der Abstand zwischen Geschwistern. Pressemitteilung Nr. 005 vom 6.1.2012, Ansprechpartnerin: Olga Pötzsch. In: https://www.destatis.de/DE/PresseService/Presse/Pressemitteilungen/2012/01/PD12_005_12641.html, 03.06.2015

Strait, D. L., Parbery-Clark, A., O'Connell, S., Kraus, N. (2013): Biological impact of preschool music classes on processing speech in noise.

Developmental Cognitive Neuroscience 6, 51–60

Talwar, V., Lee, K. (2008): Social and Cognitive Correlates of Children's Lying Behavior. Child Development 79, 866–881

Taylor, L. E., Swerdfeger, A. L., Eslick, G. D. (2014): Vaccines are not associated with autism: An evidence-based meta-analysis of case-control and cohort studies. Vaccine 32, 3623–3629

Thelen, E., Fisher, D. M., Ridley-Johnson, R. (1984): The relationship between physical growth and a newborn reflex. Infant Behavior and Development 7, 479–493

Ventura, A. K., Worobey, J. (2013): Early influences on the development of food preferences. Current Biology 23, 401–408

Verein für frühe Mehrsprachigkeit an Kindertageseinrichtungen und Schulen (2014): Bilinguale Kitas in Deutschland. In: www.fmks-online.de/_wd_showdoc.php?pic=1055, 03.06.2015

Suchodoletz, von W. (2011): Früherkennung von umschriebenen Sprachentwicklungsstörungen. Zeitschrift für Kinder- und Jugendpsychiatrie und Psychotherapie 39, 377–385

Vosniadou, S., Brewer, W. (1992): Mental models of the earth: A study of conceptual change in childhood. Cognitive Psychology 24, 535–585

Vygotsky, L. S. (2012): Thought and Language. The MIT Press

Warneken, F., Tomasello, M. (2008): Extrinsic Rewards Undermine Altruistic Tendencies in 20-Month-Olds. Developmental Psychology 44, 1785–1788

Weigelt, S., Koldewyn, K., Dilks, D. D., Balas, B. J., McKone, E., Kanwisher, N. (2014): Domain-specific development of face memory but not face perception. Developmental Science 17, 47–58

Wellman, H. M., Cross, D., Watson, J. (2001): Meta-Analysis of Theory of Mind Development: The Truth about False Belief. Child Development 72, 655–684

Wellman, H. M., Harris, P. L., Banerjee, M., Sinclair, A. (1995): Early understanding of emotion: Evidence from natural language. Cognition and Emotion 9, 117–149

Widen, S. C., Russell, J. A. (2003): A Closer Look at Preschoolers' Freely Produced Labels for Facial Expressions. Developmental Psychology 39, 114–128

Wilmer, J. B., Germine, L., Chabris, C. F., Chatterjee, G., Williams, M., Loken, E., Nakayama, K., Duchaine, B. (2010): Human face recognition ability is specific and highly heritable. Proceedings of the National Academy of Science USA 16, 5238–5241

Zimmer, R., (1981): Motorik und Persönlichkeitsentwicklung bei Kindern im Vorschulalter. Hofmann, Schondorf

Sachregister

Passwort für die Online-Materialien

Das Passwort zum Öffnen des Zusatzmaterials lautet: *Entwicklungsprozesse!*

Bitte geben Sie das Passwort nicht weiter!

Hier geht es um die Frage, ob ein Kind mehrsprachig aufwächst und wie es die unterschiedlichen Sprachen verwendet.

Vorläuferfähigkeiten für den Schriftspracherwerb

- Wie verhält sich das Kind beim Singen? Kann das Kind bei bekannten Liedern u. a. den Text mitsingen?
- Welches Rhythmusgefühl hat das Kind? Kann das Kind einen Rhythmus mitklatschen und / oder zur Musik im Takt hüpfen?
- Wie geht das Kind mit Reimen um? Bildet das Kind eigene Reime und / oder Unsinnsreime? Kennt das Kind Abzählreime und kann richtig abzählen, d. h. den Abzählreim aufsagen und im Sprachrhythmus auf die Kinder zeigen?
- Wie geht das Kind mit Schriftzeichen um? Interessiert sich das Kind für Schrift und / oder fragt es nach, was z. B. in / auf einem Buch oder Plakat steht?
- Wie geht das Kind mit Bilderbüchern um? Interessiert sich das Kind für Bilderbücher und / oder tut das Kind so, als ob es liest oder schreibt?

Die Vorläuferfähigkeiten für den Schriftspracherwerb rücken für den vorschulischen Bereich mehr und mehr in den Fokus, zum Teil werden einschlägige Trainingsprogramme eingesetzt (Küspert / Schneider 2008). Die Leitfragen bieten

Anhaltspunkte, an denen sich Vorläuferfähigkeiten erkennen lassen.

Zum Schluss erfolgt die Zusammenfassung und Beurteilung der sprachlichen Beobachtung. Hier wird die Sprachkompetenz in Relation zum Alter gesetzt und festgehalten, in welchen Bereichen die Kompetenzen nicht altersgemäß erworben sind. Daraus werden Empfehlungen für weitere Abklärungen abgeleitet. Die Strategien zur Sprachförderung werden in den folgenden Kapiteln erläutert. Im letzten Kapitel werden diese Strategien auf der Basis eines beispielhaft ausgefüllten Beobachtungsbogens noch einmal konkret auf ein Fallbeispiel bezogen.

3 Erste Strategie: Im Dialog mit Kindern

Von Franziska Vogt und Bea Zumwald

Eine frühpädagogische Fachperson liest einer Gruppe von vier Kindern vor. Im Bilderbuch kommen Tiere vor. Tim äußert sich.

> Tim: Am Mittwoch, da hab ich einen toten Igel auf der Straße gesehen.
> *Die frühpädagogische Fachperson unterbricht die Bildbetrachtung und geht auf das Thema des Kindes ein.*
> Fachperson: Oooh. Hat man den überfahren? Wahrscheinlich, oder?
> T: Leider.
> FP: Ja manchmal sieht man hin und wieder ein Tierchen auf der Straße, überfahren.

Gelegenheiten für einen längeren Dialog ergeben sich in ganz verschiedenen Situationen im Alltag. Die frühpädagogische Fachperson reagiert in diesem Beispiel mitfühlend und erweitert das Gespräch um den Aspekt, dass das tote Tier auf der Straße vermutlich überfahren wurde. Sie führt das Gespräch zu diesem Thema weiter, indem sie von einem eigenen Erlebnis erzählt.

> FP: Ja. Und weißt du, was ich heute Morgen gesehen habe?
> T: Mhm.
> FP: Einen Dachs. Weißt du, was ein Dachs ist?
> T: Mhm.
> FP: Der war auch überfahren. Das ist ein ganz großes Tier (zeigt mit den Händen die Größe des Tieres). Da bin ich schon ein bisschen erschrocken, als der mitten auf der Straße lag.

Mit diesem Wortwechsel wird der Dialog weitergeführt und zudem ein spezielles Wort angeboten und erklärt.
Innerhalb des Gesprächs geschieht somit auch Wortschatzförderung (Kap. 4). Der Dialog kann sich auf ein Kind konzentrieren, aber auch mehrere Kinder umfassen.

3.1 Im Dialog konkret

> Lukas: Ich hab einen Fuchs gesehen.
> Fachperson: Einen Fuchs habt ihr schon mal gesehen?
> L: Einen toten.
> FP: Au, hmmm.
> Selina und Marie gleichzeitig: Und, und ich hab schon mal einen gesehen, wo über die Straße gelaufen ist.

Leseprobe

FP: Echt? War es da hell am Tag oder war es da dunkel?
S und M: Hell!
FP: Normalerweise gehen die Füchse eher abends, weil es dann ein bisschen dämmert.
Tim: Weil, weil da sind keine Jäger mehr da.

Die frühpädagogische Fachperson bringt ein weiteres Thema in den Dialog ein, das das vorher Gesagte erweitert. Sie erläutert, dass Tiere häufig in der Dämmerung unterwegs sind. Mit der Nachfrage *War es da hell am Tag oder dunkel?* stellt sie eine Stütze für die Antwort bereit. Diese Technik der Lernbegleitung wird mit dem Begriff Scaffolding (ein Gerüst geben) umschrieben (Collins et al. 1987; Gibbons/Hammond 2005). Wie im Kapitel zu den sprachfördernden Fragen (Kap. 6) dargestellt ist, können offene Fragen, aber auch geschlossene Fragen wie hier die Alternativfrage *War es da hell oder dunkel?*, dem Kind ermöglichen, sich im Dialog einzubringen.
[...]

(Seiten: 41-43)

reinhardt
www.reinhardt-verlag.de